Ulrike Klausmann/Marion Meinzerin
Piratinnen

Grönland 982

Nordkap

Halgoland 870

Island 863

Färöer

Norwegen

Schweden

Moskowitisches Reich

Sibir

Nowgor.

Moskau

Dänemark

Irland

Engld.

London

Hamb.

Polen

Kiew

Wolga

Sarai

Deutsches

Dieppe

Frankreich

Reich

Venedig

Genua

Italien

Rom

Schwarz. M.

Goldaja

Konst.

Kdsp. M.

Amu-s.

syr. M

Osman. Rch.

Erzerum

Samarkand

Kasch.

Portugal

Madrid

Spanien

Mittelländ. M.

Lajazzo

Baghdad

Persien

Azoren
1351 u. 1431

Lissabon

Palos

Cadiz

Ceuta

Algier

Tunis

Damask.

Alex.

Kairo

Suez

Basra

Ormuz
1507

Madeira
1346, 1419

Tripi.

Berberei

Medina

Arabien

Maskat 1507

Kanarien 1341
(Sp.)

Marrakesch

Sahara

Ägypten

Nubien

Mekka

Goa 1

K. Bojador 1416

A

F

R

I

K

A

Massaua
1520

Aden

Sokotra
1503

Cal

1492

K. Blanco 1441

Timbuktu

Kapverdin
1460

K. Verde 1445

Nigritien

Guinea

Abess.

Äthiopien

Zeila

Sierra Leone
1462

S. Jorge da Mina

Vasco da Gama
1498

Goldk. 1471

Fernão do Po 1484

Zaire Kongo

S. Thomé

Melinde
1498

Mombasa
1498

INDISCH

Pernambuco

Brazil

1484

Kongo

Angola

Loanda
1578

Bahia 1500

Vasco da Gama

K. Negro
1484

Mozambique
1498

Madagaskar
1506

Pto Seguro
1500

St Helena
1502

Tete

Sofala
1500

Seba

Maskarene
1505

Rio de Janeiro 1516

Kaffraria

(St Laurentius)

ATLANTISCHER OZEAN

K. d. guten Hoffnung
1486

Grenzlinie nach dem Vertrag von Tordesillas 1494

Ulrike Klausmann
Marion Meinzerin

Piratinnen

Frauenoffensive

1. Auflage, 1992
© Verlag Frauenoffensive, 1991
(Knollerstr. 3, 8000 München 40)

ISBN 3-88104-216-4

Satz: Ursula Benz, München
Druck: Clausen & Bosse, Leck
Umschlaggestaltung: Frauke Bergemann, München

Dieses Buch ist gedruckt auf Papier aus chlorfrei gebleichtem Zellstoff

Für Informationen, Mithilfe und Unterstützung danken wir

Ursula Ahlborn, Daniela Aleccu, Gabrielle Alioth, Angelika Behm, Alessandra Coppola, Christopher Davies, Carla Despineux, Hinrike Gronewald, Uschi Ketterer, Barbara Kistner, Sabina Leßmann, Bärbel Lotter, Beate Mathias, Prinz Wolfram zu Löwenstein und Mondfeld, Ute Möhring, Molly Gold, NININ, Johanna Sohn, Regina Speulta, Je Siung Tjoa.

Unser besonderer Dank geht an Hildegard Eisenmann, die für uns französischsprachige Quellen entdeckte und übersetzte und uns sicher in den klippenreichen Hafen von Morlaix manövrierte.

INHALT

Die Rheinpiratinnen in Köln

Weiberfastnacht 1990. Die mächtigen Gebäude des Kölner Rheinauhafens leuchten in der hellen Februarsonne. Möwen umkreisen die Turmspitze des alten Zollgebäudes, es riecht nach Benzin und faulem Wasser.

Die *Stadt Köln*, ein alter wunderschöner Luxusdampfer, der seit Jahren hier vor Anker liegt und darauf wartet, hin und wieder ein paar Raatsherren oder prominente Besucher zur Loreley zu schippern, schaukelt wie immer auf den Wellen. Vom Kölner Karneval, der gerade einige hundert Meter weiter auf dem Alten Markt eröffnet wird, ist hier nichts zu spüren.

Plötzlich erscheint am westlichen Horizont eine riesige Meute wild aussehender Frauen. Mit Augenklappe statt Narrenkappe, Doppelaxt-Flagge und Handbohrmaschine bewaffnet, ziehen sie Richtung Flußufer. Die viel befahrene Rheinuferstraße überqueren sie bei Grün, denn sie haben Kinder dabei.

Während die Polizei damit beschäftigt ist, aus den Rinnsteinen der Altstadt die ersten besoffenen Pappnasen wegzuräumen, besetzen circa zweihundert Frauen das Schiff.

Kurze Zeit später spucken die Faxgeräte in Kölner Redaktionen und Verwaltungsämtern ein Flugblatt aus mit dem Titel: WEIBERFASTNACHT ALLE TAGE – DAS SCHIFF FÜR UNS IST KEINE FRAGE!

„Wir haben endlich einen Raum für uns gefunden, er lag einfach so da und hat im Wasser geschaukelt." Erklären die *Piratinnen gegen das Patriarchat*. Sie kritisieren die katastrophale Wohnungsnot in Köln, die besonders Frauen betrifft, und fordern u.a.: „Räume für Frauen, die ihre eigenen Ziele und Vorstellungen diskutieren und ausarbeiten und selber Initiative entwickeln wollen." Das Schiff soll ein Anfang sein; vom Renommierobjekt soll es zu einem Frauenkultur- und Kommunikationszentrum umfunktioniert werden.

Doch wer liest an diesem Donnerstag in Köln noch ein Fax?

Erst mal tut sich auf seiten der Ordnungsbehörden gar nichts, und die Piratinnen haben Zeit, sich auf dem Schiff einzurichten. In den karnevalsfreien Zonen verbreitet sich die Nachricht von der Schiffsbesetzung wie ein Lauffeuer. Immer mehr Frauen kommen an Bord. Sie bringen Riesentöpfe mit Grünkernsuppe, Schlafsäcke und Instrumente mit. An Deck wird getanzt und getrommelt.

Die Piratinnen haben sich wirklich ein schönes Schiff ausgesucht. Der mit dicken blauen Teppichböden und kostbaren Kristallüstern ausgestattete Dampfer steht unter Denkmalschutz. Er wurde 1938 unter dem Tarnnamen „Feuerlöschboot" für einen Empfang Hitlers gebaut, der nie stattfand. Nach dem Krieg wurde der Kahn vorübergehend von den Amerikanern beschlagnahmt und später an die Stadt Köln zurückgegeben. Seitdem fristet er sein Dasein als „Ratsschiff" unter den Fittichen der Kölner Verkehrsbetriebe. Wer das nötige Geld aufbringt, kann ihn mieten: für 800 Mark die Doppelstunde.

Jetzt ist das alte Schiff mit der schwarzen Totenkopffahne beflaggt und mit Transparenten behängt, auf denen Parolen stehen wie: „Frauen zeigt Flagge – kommt an Bord."

An Land herrscht Ratlosigkeit. Inzwischen sind die Zuständigen aufgetaucht, und da die Piratinnen nicht bereit sind, mit ihnen zu reden, reden sie erst mal miteinander über ihre Zuständigkeiten, und die sind kompliziert. Für die Sicherheit des Hafens ist die Kölner Hafenpolizei zuständig, für alles, was auf dem Wasser passiert, die Wasserschutzpolizei in Duisburg. Solange sich die Piratinnen auf dem Schiff befinden, haben die Kölner Ordnungshüter keinen Grund, einzugreifen. Große Lust haben sie dazu auch nicht.

Die Besitzverhältnisse sind ungefähr so klar wie das Rheinwasser, das unablässig gegen den weißen Bug des Schiffes klatscht: Das Schiff gehört dem Hafenverein, welcher zu 10 Prozent der Stadt Köln gehört und zu 90 Prozent den Kölner Stadtwerken, die wiederum der Stadt Köln gehören. Wer sollte wo sein Hausrecht geltend machen? Und gegen wen? Die Piratinnen haben lautstark geäußert, daß sie mit Männern nicht verhandeln.

Am frühen Abend, als die Sonne sich anschickt, hinter den Dächern der Südstadt zu verschwinden, rückt die Berufsfeuerwehr an.

„He, wo ist euer Boss, wir wollen mit euch reden", ruft einer von ihnen.

„Hier gibt's keinen Boss, verpißt euch", schallt es mehrstimmig von der Reling.

„Mensch, stellt euch nicht so an, wir wollen euch doch bloß das Licht anmachen! Wir sind von der Feuerwehr", beharrt der Uniformierte.

„Brauchen wir nicht, und jetzt haut ab", erwidern die Piratinnen.

„Aber wir wollen euch doch nur helfen. Was ist, wenn eine von euch ein Kind kriegt?"

„Paß auf, daß du nicht noch ein Kind kriegst." Schallendes Gelächter vom Ober- bis zum Unterdeck begleitet die Antwort.

Stunden vergehen, an Bord wächst die Stimmung, an Land die Ratlosigkeit. Der Stadtdirektor ist nicht aufzutreiben, offensichtlich ist er mit Prinz Karneval irgendwo versackt. Einen Oberstadtdirektor gibt es zur Zeit nicht.

Endlich wird Li Selter, die Leiterin des Frauenamtes, ausfindig gemacht. Mit Konfetti im Haar und rotgemalten Wangen beginnt sie die Verhandlungen zwischen den Piratinnen und der Stadt Köln.

Die dauern die ganzen Karnevalstage über. Eine Einigung wird nicht erzielt. Auf die Angebote der Stadtväter – 500 DM und Verzicht auf Strafverfolgung gegen sofortiges Verlassen des Denkmals oder ein ausrangierter Bus als Ersatz für das Schiff – lassen sich die Piratinnen nicht ein. Schließlich verlautbart der Stadtdirektor von einem Festbankett im Nobelrestaurant Bastei, er wolle das Schiff räumen lassen. Am Aschermittwoch sind die Rheinpiratinnen verschwunden. Das Ratsschiff liegt wieder leer im Hafen, um einige Dekorationen ärmer und dafür um einige Wandbeschriftungen reicher. „Lesben verwüsteten Luxusdampfer", schreibt am nächsten Tag ein Kölner Boulevardblättchen.

Mich ließ seitdem die Frage nicht mehr los: Gab es einmal Piratinnen? Richtige Piratinnen, die Schiffe kaperten und sie nicht mehr herausrückten? Ich machte mich auf die Suche, setzte Segel und reiste Richtung Vergangenheit, aber gegen den Strom.

Wer den Rhein stromaufwärts fährt, kommt irgendwann nach Karlsruhe, wo Marion sich schon seit einiger Zeit mit dem Thema befaßte. Sie entführte mich in eine unbekannte Welt voller Piratinnen, Nixen, Wasserschlangen und anderen Seeungeheuern.

Ulrike Klausmann

Die Frau und das alte Meer

Über Frauen vergangener Zeit zu berichten, ist heute schwierig, denn was aus den Quellen patriarchaler Überlieferungen noch zu finden ist, sind nur die kläglichen Überreste einer anderen Vergangenheit: Spuren einer Wirklichkeit, die in einer männlich strukturierten und dominierten Gesellschaft über Jahrtausende verleugnet wurden.

Die Seefahrtsgeschichte ist eine Männerdomäne, die Seefahrt selbst nicht. Nirgends ist die Weiblichkeit so gegenwärtig und gefürchtet wie auf See. Die Bedrohung steckt im Element selbst: mit seinen unzähmbaren Fluten, den gefahrenbringenden Tiefen und Untiefen, den menschenfressenden Seeungeheuern, Sirenen, Harpyen, Windsbräuten, Seeschlangen, Riesenpolypen – grausigen Wesen, die den Seefahrern zu allen Zeiten auflauerten und auflauern. Kein Wunder, daß in der Statistik der psychisch Erkrankten die Berufsgruppe der Matrosen an der Spitze steht.

„Das Meer ist die Mutter aller Dinge", schrieb Thales von Milet im 6. Jahrhundert v.Chr. Heute wissen wir aus der Evolutionsgeschichte, daß alles Leben aus dem Meer kommt. Nach der lebensfeindlichen Ideologie des Patriarchats kommt alles Übel aus dem Meer, nach ihr ist es gefüllt mit Bosheit, besetzt von klebrigen Bewohnerinnen, saugenden Polypen, feuchten Meerjungfrauen. Das ungreifbare nasse Element ist bewohnt von würgenden Seeschlangen und strudelverursachenden Monstern. Das Meer als die große Fruchtblase. Wie die Mutter bestimmt das Meer über Leben und Tod. Grund für die Männer, diese Macht bezwingen zu wollen.

Das war aber nicht jedermanns Sache, und oft bedurfte es ganz besonderer Helden. Die Männer hatten Angst vor der uferlosen See. Herodot berichtet von einem ägyptischen Kapitän, der sich lieber von seinem Pharao durchbohren ließ, als, wie befohlen, über Gibraltar hinaus auf den Ozean zu segeln. Den sicheren Tod zog er dem Wagnis vor.

Auch Kolumbus konnte seine Fahrt über den Ozean nur mit Todgeweihten starten. Einige hatten bei der Wahl zwischen Henkersbeil und Fahrt ins Ungewisse letzteres vorgezogen, andere wurden in Ketten aufs Schiff geführt.

Wenn die See, wie die Bretonen sagen, „ausbricht wie eine reiterlose oder tollwütige Stute", dann hilft nur eines: Das Schiff muß von einer Jungfrau getauft sein, nur sie kann ein solches Tier bändigen. In Westfrankreich und im Baskenland, in der stürmischen Gegend der Biskaya, gibt es die furchterregende Erzählung von den „Drei Wellen", die sich haushoch und schneeweiß erheben, um die Schiffe zu verschlingen. Die Basken glauben, daß diese Wellen die Frauen der Seeleute sind, die sich nach Hexenart verwandelt haben, um sich an ihren untreuen Ehemännern zu rächen.

Für die christliche Seefahrt dient ein sündenbeladenes Element wie das Meer als Unterschlupf und Reiseweg sämtlicher bösen Geister. Pierre de Lancre, „der Henker des Baskenlandes", versicherte Anfang des 17. Jahrhunderts, auf seinem Seeweg nach Bordeaux ganze Armeen von Teufeln gesehen zu haben, die wahrscheinlich von Missionaren aus dem fernen Osten vertrieben worden waren und nun über das Meer nach Frankreich zogen.

Die Schiffe selbst sind Beweise für die Angst und das Unbehagen, die die angeblich so furchtlosen Männer auf See begleiteten. Offensichtlich hatten sie das dringende Bedürfnis, sich unter weiblichen Schutz zu stellen. Die Schiffe wurden einer Göttin geweiht, damit sich die Seefahrer als deren Heros fühlen konnten. Die Schiffe trugen und tragen weibliche Namen und das aus Holz geschnitzte Abbild der Göttin am Bug. Diese Galionsfiguren hatten die Aufgabe, das Schiff unversehrt über das Meer zu leiten. Die Weihe eines Schiffes übernahm eine Priesterin; der Brauch der Jungferntaufe ist heute noch überall bekannt. Fischerboote an den Küsten des Mittelmeeres tragen noch heute am Bug das Auge der Göttin, wie die Schiffe in der Antike. Es soll dem Schiff erleichtern, den Weg über das Meer zu finden.

Aristoteles beschrieb die Frau und das Ei als kalt und naß, den Mann und das Sperma brachte er mit Trockenheit und Hitze in Verbindung. „Hitze" war ausschlaggebend für die Seelenhaftigkeit der Lebewesen. Das bedeutet, daß Frauen als seelenarm angesehen wurden. Die Attribute „kalt" und „naß" erinnern an Meerestiere. Die Verbindung von Fisch und Frau ist nicht neu. Die Fischsymbolik war von jeher weiblich und der Vulva gleichgesetzt. In verschiedenen alten Kulturen taucht das Bild der Vesica piscis auf, das Gefäß des Fisches bzw. Gefäß des Lebens. Es ist ein Abbild der weiblichen Genitalien.

Die Aufsicht der mondsichelförmigen Schiffe, die in prähistorischer Zeit und in der Antike gebaut wurden, entspricht dem Oval der Vulva. Die indische Göttin der Wahrheit wird auch als „Jungfrau namens Fischgeruch" bezeichnet. Die Göttin Matsya, die in Indien als der kosmische Fisch verehrt wurde, trug die Arche Ma-Nus aus dem Chaos der Zwischenwelten. In Ägypten wurde Matsya „Maat" genannt. Beide Namen bedeuten übersetzt Wahrheit. Maat-Isis heißt „Der Fisch des Abgrunds" und erinnert an die Fahrt durch die Unterwelt in ein neues Leben. Schiffe galten von jeher als Transportmittel für diese Reise. Die am Bug und am Heck spitz zulaufenden, nach oben geschwungenen Schiffe entsprechen der Vulva-Fisch-Symbolik, als der Schwelle für den Kreislauf des Lebens. Die Außenansicht der Schiffe, die den ab- oder zunehmenden Mond darstellt, gilt als Zeichen für Kommen und Gehen des Lebens. Tod bedeutete nicht Ende, sondern Beginn eines neuen Lebens.

Tristan und Isolde waren nicht die ersten, die über das Wasser ins Jenseits fuhren, als sie von Penmarch im Westen der Bretagne über den Ozean segelten. Ägyptische Darstellungen aus der Zeit von 2700 v.Chr. zeigen kostbar ausgestattete Schiffe, auf denen meist die Göttin Isis persönlich anwesend ist, auf der Fahrt ins neue Leben. Auf keltischen, kleinasiatischen und etruskischen Grabfresken finden wir ähnliche Abbildungen.

Die Vorstellung von der Totenüberführung per Schiff in die Unterwelt begründete möglicherweise die Angst der Seeleute, wenn sie

Leichen an Bord hatten oder jemand unterwegs gestorben war, daß auch ihr Schiff bald ins Jenseits geführt würde. Die Toten bekamen deshalb schleunigst eine Seebestattung, bevor sich das Schiff verlangsamte und einen Sturm heraufbeschwor, mit dessen Hilfe die Seegeister das Schiff entwendeten. Selbst seit Jahrtausenden einbalsamierte Leichen können Ursache für solch ein Unglück sein. Deshalb weigern sich noch heute viele Matrosen, die Mumien von Pharaonen auf ihren Schiffen zu transportieren.

Shakespeare griff auf diesen Aberglauben zurück, als er in seinem Drama „Thaiza" die Königin von Tyros auf See im Kindbett sterben ließ:

Erster Matrose: „Herr, Eure Königin muß über Bord; die See geht hoch, der Wind ist laut und legt sich nicht, bis das Schiff von Toten gesäubert ist."

Perikles: „Das ist nur euer Aberglaube."

Erster Matrose: „Verzeiht, Herr, bei uns zur See wird es nicht anders gehalten; wir halten streng auf Gebrauch. Gebt sie her ohne Umstände, sie muß über Bord."

Die Geister, die für solche Wirbelstürme und Windstillen sorgen, sind weiblich. Sie leben im Meer und zählen zu den Seeungeheuern.

Athenische Wirbelstürme erheben sich in der Nähe der Berge der Nymphen, und alte Griechinnen bekreuzigen sich noch heute, wenn sie die Staubspirale eines Wirbelsturms an der Küste sehen, und sagen: Meli ke gala sti strata sas – „Honig und Milch auf deinen Weg".[1] Milch und Honig sind die Gaben an die Nereiden, die Nymphen, die aus der Paarung des Meeres und seiner Flüsse entstanden. Sie leben in einem Palast auf dem Meeresgrund, werden als Mondpriesterinnen verehrt und um reichen Fischfang gebeten. Mit den Wirbelstürmen ziehen sie Männer in die Tiefe, die von ihren sirenenhaften Schwestern angelockt wurden. Auch die Charybdis ist eine Vertreterin der Meeresstrudel und Wirbelströmungen. Ihr entkommt kein Schiff. Ganz zu schweigen von Scylla, einem Seeungeheuer, das sechs Mäuler hat und vielstimmig bellend, heulend und singend den Seefahrern auflauert. Auch heute noch schließt sie unter furchtbarem Rauschen die Schiffe in ihre Arme und nimmt sie mit in die Tiefe.

Die Römer fürchteten sich vor Seelamia, die Wasserhosen auslöste. Sie ist eine Dämonin mit Kopf und Brüsten einer Frau und dem Unterleib einer Schlange. Ihre Gestalt ist grün, blau und goldfarben. Oder zebragestreift mit einem roten Band. Schwarz, weiß, rot – die

Farben matriarchaler Kulturen. Auch Seelamia zieht die Männer auf den Meeresgrund.

Für die arabischen Seefahrer waren Windhosen Drachen. Diese Tannine, so erzählten sie, krochen bei Unwetter aus dem Meer in die Wolken, drehten sich aus den Wolken, streckten den Kopf ins Wasser und tranken so gierig, daß sie die Schiffe dabei verschluckten.

Die christlichen Seefahrer versuchten, den dämonischen Wind- und Wasserhosen mit der Bibel beizukommen. Unter lautem Spektakel zitierten sie das Johannesevangelium, stachen dabei mit dem Messer in Richtung drohende Gefahr oder beschossen sie mit ihren Kanonen.

Die schlimmste aller Sturmbringerinnen muß die Nymphe Echidna gewesen sein samt ihrer vielköpfigen Nachkommenschaft: dem fünfköpfigen Höllenhund Zerberus (einer vermännlichten Version der Scylla), der acht- oder neunköpfigen Hydra und der Chimäre mit drei Köpfen.[2]

Diesen Geschöpfen konnte mann entgehen, indem mann das Orakel von Sena auf der Ile de Sein befragte. Diese Insel vor der bretonischen Küste wurde von neun jungfräulichen Priesterinnen, den Barrigenae, betreut. Sie konnten die Winde beeinflussen und halfen denen, die sie um Rat fragten. Die Insel war nur von Frauen bewohnt. Auch auf Ouessant, der gegenüberliegenden Insel, waren Priesterinnen in dieser Angelegenheit tätig. Sie waren noch bekannter als die

Barrigenae, kein Seefahrer traute sich ohne ihren Beistand auf See. Es gab auch Mütter der Winde. Wie z.B. Hera, die die vier Winde, „einen Segen der Menschheit", wie Hesiod sie nannte, in ihren Händen hielt. An der Küste Estlands heißt sie Tuule-Amma. Wenn hier ein Sturm heult, sagen die Leute: „Die Mutter der Winde jammert; wer weiß, welche Mutter bald auch jammern wird?"

In England heißt die Sturmschwalbe „Mother Carey's chicken" (Mutter Careys Huhn). Mother Carey ist eine Seehexe, die auf den Wellen reitet. Die kleinen Vögel mit den dunklen Flügeln sind ihre Gefolgschaft. Die Christen sind der Meinung, daß „Mother Carey" eine Verschleifung von Mater Cara (die geliebte Mutter), also ein Synonym der Jungfrau Maria ist. Sind Mother Careys Hühner nur eine unbekümmerte Übersetzung von „les oiseaux de notre dame", dem französischen Beinamen für Sturmvögel? In beiden Sprachen deuten sie jedenfalls auf die unumstrittene Schutzheilige der christlichen Seefahrt hin: Santa Maria war und ist einer der beliebtesten Schiffsnamen; auch das Schiff des Kolumbus hieß so. Auf der ganzen Welt bezeugen Seefahrerkapellen die Macht der heiligen Jungfrau, Stürme zu bändigen, Seeungeheuer zu zertreten und Leben zu retten. Prächtige, kunstvolle Gemälde stellen Maria dar, die ihren weiten blauen Mantel schützend über Schiffe und Seeleute hält. Sie trägt die Titel: Stern des Meeres, Königin des Himmels, Hafen des Heils, Herrin der Welt, und die vom Sturm gepeinigten Seefahrer beten zu ihr und singen „Salve Regina".

Was aber, wenn Mother Carey doch eine Seehexe ist? Dann hilft alles Beten nichts. Dann bleibt den Kapitänen nichts anderes übrig, als die Winde bei deren Kolleginnen, den Hexen zu kaufen. Und das taten sie auch. Nicht nur in England kauften Seemänner verzauberte Taue mit drei Knoten. Ende des 16. Jahrhunderts gehörte der Windverkauf zum internationalen Handel.

Besonders geschäftstüchtig waren die finnischen und lappischen Hexen. Sie hatten Weltruf und konnten Winde für die entlegensten Gegenden auftreiben. Mit ihrem Jahresumsatz konnte sich kaum ein anderes Gewerbe messen. Während die Finninnen und Lappinnen den Markt beherrschten und hauptsächlich businessorientiert arbeiteten, wird von den schottischen und englischen Hexen behauptet, daß sie ihre Arbeit oft aus purer Lust an der alten Kunst oder aus Rache verrichteten. Den Verkauf von Wind betrieben sie nur, um ihren Lebensunterhalt zu decken. Diese Hexen waren deswegen weitaus gefürchteter. Sie verhexten Schiffe, bis sie versanken oder ihnen der

Proviant ausging. Neben zahlreichen Überlieferungen bedichtete auch Shakespeare dieses Übel, in „Macbeth": Die erste der drei Hexen rächt eine Beleidigung, indem sie widrige Winde heraufbeschwört und das

Schiff des Herrn, dessen Frau die Hexe beschimpft hat, so lange in Seenot hält, bis es ausgehungert ist.

Eine schottische Hexe namens Margaret Barclay versenkte ein Schiff, indem sie davon ein Wachsmodell anfertigte und es ins Meer warf. Unzählige Geschichten von Hexen, die sich an Seefahrern auf diese oder andere Weise rächten, finden sich im Repertoire der Seefahrer. Jeanne d'Arc galt deswegen als Hexe, weil mit ihrem Erscheinen am Ufer der Loire bei Orleans der Wind umschlug, worauf die Engländer die Belagerung aufhoben.

Die letzte Windverkäuferin Europas war Bessy Miller, Bewohnerin der Orkney-Inseln. Seeleute zollten ihr noch im 19. Jahrhundert Tribut. Im Zeitalter der Dampfschiffahrt ging das Gewerbe zurück. Trotzdem hinterließen Hexen so manche Spur auf den heutigen Schiffen. Die Katze, ihre Begleiterin, deren Gestalt Hexen auch oft annahmen, besonders wenn es um Sturmzauber ging, ist heute noch in der Sprache der Seefahrt präsent: Die verschiedenen Gerätschaften, die zum Ankerholen benötigt werden, heißen cat-head, cat-hook, cat-back, cat-block usw. Im Deutschen kennen wir diese Gegenstände als Kattdavit, Katthaken, Kattseil, Kattblock. Dünner Tee wird an Bord cat-lap, Katzenschleck, genannt.

Nicht nur die weisen Frauen der Alten Künste oder mythologische Frauengestalten galten mit ihren speziellen Fähigkeiten als Sturmbringerinnen. Jede kennt den Spruch: „Mädchen, die pfeifen, Hennen, die krähen, soll man beizeiten den Hals umdrehen." Besonders da, wo ursprünglich von Frauen ausgeübte Tätigkeiten zum Männerberuf wurden, hat diese Aussage noch volle Bedeutung. In Hotelküchen zum Beispiel dürfen Frauen nicht pfeifen. Während die Köche pfeifend und trällernd am Herd stehen, kann Pfeifen für eine Köchin ein Kündigungsgrund sein.

Seeleute achten streng darauf, daß Frauen an Bord nicht pfeifen. „Jedesmal, wenn eine Frau pfeift", heißt es in der christlichen Seefahrt, „blutet das Herz der Jungfrau." Und warum? Weil jedesmal ein Matrose ertrinkt.

Das Pfeifen der Frauen lockt Stürme an, die die Schiffe gegen Klippen schleudern. Die Seeleute behaupteten noch im 19. Jahrhundert, im Echo des Pfeifens einer Frau den Gesang der Sirenen zu vernehmen. Die schönen Jungfrauen, die auf den Klippen saßen, verwandelten sich einst in Sirenen oder Harpyien, das sind Vögel mit Frauengesichtern und Fischschwänzen. Ihr Gesang war immer tödlich.

In den Seespukgeschichten werden die Sirenen in drei verschiedene Funktionen einer Erscheinung aufgeteilt: Ligaia, die Tönende, Leukothea, die Weiße, Parthenope, die Liebliche mit dem jungfräulichen Angesicht. Rational könnte das mit der weißen, rauschenden Brandung erklärt werden, die verträumte Blicke auf sich zieht.

Am Rhein war die Loreley tätig. Sie verursachte Strudel bei Goarshausen, an der tiefsten Stelle des Rheinbettes, und versenkte hier die Schiffe. Sie sang, während sie ihr goldenes Haar kämmte, und kein Mann konnte den Blick von ihr wenden, bis er in einen Strudel geriet und nicht wieder gesehen ward. Auch die „wundersame gewaltige Melodei" der Loreley scheint erklärbar, denn sie ertönte ausgerechnet an der tiefsten Stelle des Rheins, wo eine besonders ausgeprägte Strudelbildung ist.

Die Meerjungfrauen wurden aber zu allen Zeiten und in allen Meeren beschrieben, auch von aufgeklärten Kapitänen. Die Geschichten müssen also noch einen anderen Kern haben. Besonders häufig waren die Nixen bis zum 17. Jahrhundert in England, Schottland und der Bretagne anzutreffen. Die kälteren Meere wimmelten nur so von Seejungfrauen. In südlichen Gewässern waren sie zwar seltener, dafür sind sie hier heute noch anzutreffen.

In Griechenland, wo die Seenixe heute noch Gorgo genannt wird, ist ihre ursprüngliche Bedeutung noch nachvollziehbar. Die Gorgonen, die Titanengöttinnen, vergleichbar mit den Erynnien, beschreiben die drei Aspekte der Alten Weisen Göttin. Die Gorgonen sind als Ursprungsgöttinnen Bewohnerinnen des Meeres. Als Seejungfrauen zieren sie die Wände der Tavernen, als schützende Galionsfiguren der Schiffe sind sie in allen Häfen anzutreffen. Ein Kapitän unserer Tage berichtete von ihnen in aller Ernsthaftigkeit als lebenden gegenwärtigen Personen: „Ihr Hauptwohngebiet scheinen die östliche Ägäis und das Schwarze Meer zu sein." Wer in diesen Gewässern in einen Sturm geriete, bekäme sie noch heute leibhaftig zu Gesicht. Sie packten das Bugspriet des hin- und hergeworfenen Schiffes und stellten dem Kapitän mit hallender Stimme Fragen. Antwortete dieser richtig, verschwänden die Gorgonen, und die Wellen glätteten sich. Bei einer falschen Antwort schlügen die Wellen krachend übers Deck, und die Gorgo zöge das Bugspriet auf den Meeresgrund. Schiff, Mann und Maus würden vernichtet. Die Beschreibung des Kapitäns erinnert stark an die Gepflogenheiten der Sphinx.

Medusa ist das Gorgonenhaupt, das aus den Meerestiefen aufzu-

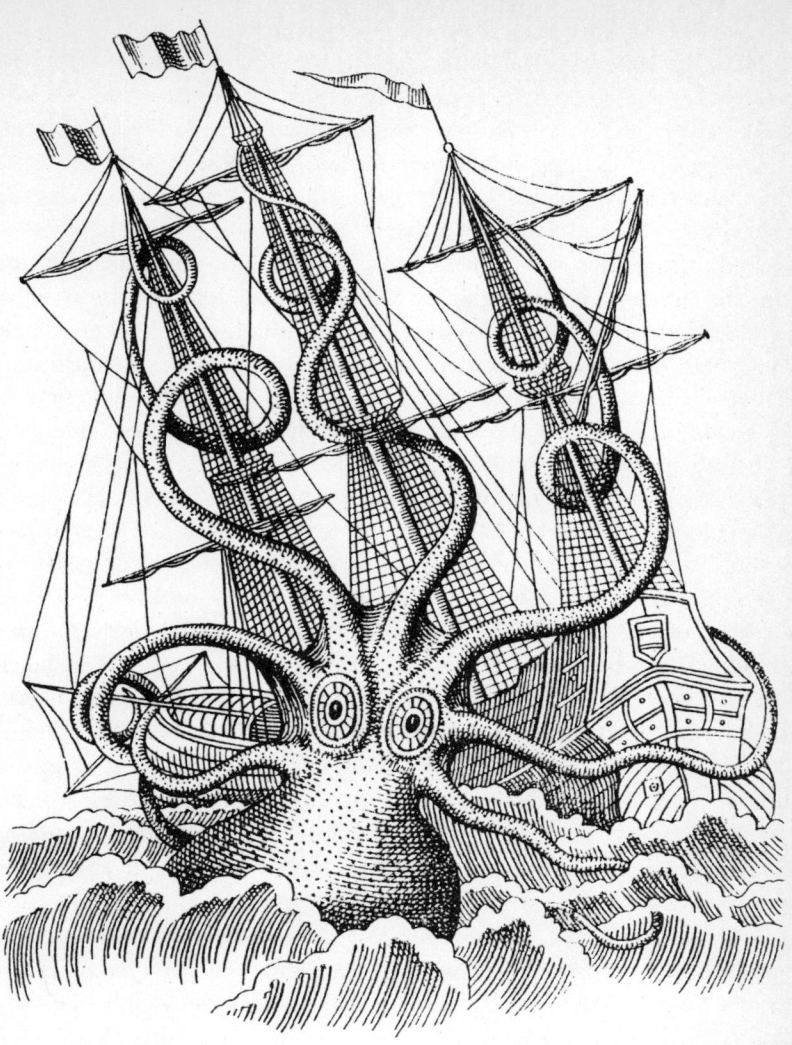

tauchen droht. Dieses scheußliche Monster war einstmals eine schöne
Frau, die vom Meeresgott Poseidon in einem Tempel der Athene ver-
gewaltigt wurde. Athene war nach Angaben Ovids so erbost, daß sie
Medusa in ein häßliches Wesen und ihr schönes Haar in tausend
Schlangen verwandelte. Seitdem war Medusa so häßlich, daß jeder
Mann erstarrte, der sie nur ansah. Den Vergewaltiger bestrafte Athene
nicht, ganz im Sinn heutiger Gerichtsverfahren bei Vergewaltigungs-
prozessen.

Warum war Athene so frauenfeindlich? Eigentlich war sie eine Uralte Weise Göttin, älteren Ursprungs als die hellenischen männlichen Götter. Doch mit dem Einzug der männlichen Götter in die Mythologie wurde sie zur Kopfgeburt des Zeus, nachdem er die mit Athene durch Parthenogenese schwangere Mutter Metis, die Göttin der Weisheit, verschlungen hatte. Seitdem galt Athene als eine Göttin, die zur Schutzherrin vieler Helden wurde.

Einer von ihnen war Perseus, der Zerstörer. Er sollte Medusa zur Strecke bringen. Athene gab ihm einen spiegelblanken bronzenen Schild, damit er sie sehen konnte, ohne sie direkt anzublicken. Dank dieser List schlug Perseus Medusa den Kopf ab, Athene führte ihm dabei die Hand. Den Kopf der Medusa, das Gorgonenhaupt, steckte er in einen Sack und schenkte ihn Athene, die nun die Schlangen selbst auf ihrem Brustschild trug, um ihre Feinde zu schrecken.

Das Symbol der Schlange gehörte schon immer zu Athene, deren Mutter Metis „der weise Rat" war. Die Schlange war in Urzeiten das Symbol weiblicher Weisheit und nicht das für Wachstum und Fruchtbarkeit, wie es ihr später unterstellt wurde. Metis und Medusa sind ein und dieselbe Kraft. Der Name Medusa, die weibliche Form von Medon (Herrscher), kommt aus der Sanskrit-Wurzel medha (Weisheit), aus der auch das griechische Metis (kluger Rat) stammt. Die Fratze des grauhäutigen Schlangenhauptes ist Ausdruck der Wut der Frauen, die sich erinnern. Monere heißt im Lateinischen: jemanden veranlassen, an etwas zu denken, erinnern, ermahnen. Ein Monstrum ist nach seiner etymologischen Wurzel das „Wahrzeichen der Götter als furchterregende Erscheinung". Das Monstrum Medusa ist Spiegel sämtlicher Wahnvorstellungen von Seeungeheuern.

Die Überlieferung des Medusa-Mythos beschreibt mythologisch gesehen die Zerstörung der weiblichen Kultur und psychoanalytisch gesehen den Muttermord durch den Heros und die Weiblichkeit als psychosymbolisches Ungeheuer.[3]

Perseus erreichte sein Ziel letztendlich nicht, obwohl er unter göttlichem Schutz stand, jede Menge magischer Hilfsmittel zur Verfügung hatte, seine Feindin im Schlaf tötete und Athene ihm bei seiner Heldentat die Hand führte. Medusa aber lebt weiter, das Gorgonenhaupt ist nachgewachsen, und sein Zorn ist keineswegs verraucht. Die Furcht der Männer vor der Gorgo, die im tobenden Sturm ihr Schiff am Bugspriet in die Tiefe zieht, ist begründet.

Gorgo ist der griechische Name nicht nur für Medusa, die durch

ihre „Häßlichkeit" erstarren läßt, sondern auch für die Meerjungfrau-
en, die bekanntlich schön und lieblich sind. Das erscheint paradox,
erklärt sich aber aus der Ambivalenz, mit der Männer Weiblichkeit
betrachten.

Die Frauenfeindlichkeit des Aristoteles ist konsequenter und macht
den Zusammenhang deutlich: Die Verwandtschaft zwischen Weiblichkeit, Fischen, Meerjungfrauen und Seeungeheuern liegt in den Eigen-
schaften „naß" und „kalt". Diesen Wesen mangelt es an „Hitze" und
somit an Seelenhaftigkeit und Vernunft. Eine Mutter liefert nach Aristoteles nur die passive Materie, der Mann die aktive, vernunftbegabte Seele, er zeugt die wahre Spezies Mensch (Mann). Bringt die Mutter
ein weibliches Wesen zur Welt, hat sie die vernunftbegabte Spezies
umgangen und wieder ein seelenarmes Monster in die Welt gesetzt.
In den Legenden der Seefahrer haben die Meerjungfrauen keine Seele,
können sie aber durch einen anständigen Lebenswandel unter Menschen und durch die Liebe zu einem Mann gelegentlich bekommen.

In den patriarchalen Drachentötungsgeschichten zeigen sich zwei
verschiedene Bilder von Weiblichkeit: die mächtige, bedrohliche Mutter
in Gestalt des Monsters auf der einen Seite und die begehrenswerte,
unterlegene Jungfrau auf der anderen. Psychoanalytiker wie C.G. Jung
und Erich Neumann sehen in dem Akt des Drachentötens die Befreiung des Mannes von der fürchterlichen Mutter und die Eroberung
eines neuen Weiblichkeitsbildes im Sinn der lieblichen Jungfrau. Der
Mann wird zum Held, indem er die Jungfrau aus den Klauen des
mächtigen Scheusals befreit, um sie sich selbst zu unterwerfen.

Erich Neumann schreibt in seiner „Ursprungsgeschichte": „Die veränderung des Männlichen, die im Drachenkampf vor sich geht, schließt
auch eine Veränderung seiner Beziehung zum Weiblichen ein, die
sich in der Befreiung der Gefangenen aus der Gewalt des Drachens
symbolisiert, d.h. in der Herauslösung des Bildes der Weiblichkeit aus
dem der furchtbaren Mutter."[4]

Neumann verdrängt, daß in Urzeiten die lebenspendende Weiblichkeit der Erde und des Kosmos als die Große Mutter verehrt wurde.
Sie bedroht in ihrer Monstrosität den männlichen Geltungsdrang. Was
die Psychologen als Befreiung des Mannes von der übermächtigen
Mutter verstehen, ist der Wunsch im kollektiven männlichen Bewußt-
sein, die Natur zu unterwerfen.

Wie unsinnig diese Gewaltakte sind, zeigt das Erlebnis unseres
Helden Perseus: Von der „ruhmreichen" Enthauptung der Medusa be-

flügelt, begegnet er auf seiner Heimreise einer wunderschönen, nackten Jungfrau. Sie ist an eine Meeresklippe angekettet, und am Horizont nähert sich ein gräßliches Seeungeheuer. Die Unglückliche ist die Tochter einer äthiopischen Königin, die damit geprahlt hatte, daß sie und ihre Tochter so schön seien wie die Nereiden. Die Nereiden beklagten sich daraufhin bei Poseidon, der eine Sturmflut und ein weibliches Seeungeheuer zur Sühnung losschickte. Die Tochter der Königin mußte aufgrund eines Orakelspruchs an den Felsen geschmiedet werden. Perseus, ein Mann der Tat, fackelt nicht lange, verhandelt nur noch kurz mit den Eltern der Prinzessin um die Mitgift, tötet in blutiger Schlacht das Scheusal, und als „Preis und die Ursache aller Mühen schreitet die Jungfrau einher, ihrer Fesseln entledigt", wie Ovid berichtet. Perseus scheint hier die Schlacht seines Lebens geschlagen, ein Königreich gewonnen und eine liebliche Prinzessin in seinen Besitz gebracht zu haben. Doch bei näherer Betrachtung ist die Aktion ganz schön in die Binsen gegangen. Die liebliche und passive Prinzessin hieß Andromeda: andro-meda, was „Beherrscherin der Männer" bedeutet. Die Zusatzinformation, daß die Mutter eine Äthiopierin ist, läßt die Verwandtschaft mit der libyschen Medusa als sehr wahrscheinlich erscheinen. Ganz offensichtlich handelte es sich bei der schönen Jungfrau und ihrer monströsen Mutter um ein und dieselbe Weiblichkeit.

Was in der griechischen Mythologie die Medusa darstellt, das ist in der Bibel der Leviathan. Er ist eine Seeschlange. Sie taucht in den Legenden der Seefahrer als das schlimmste Seeungeheuer auf, das Schiffe zermalmt und Seefahrer verschlingt.

In vielen Ursprungsmythen wird die Schlange als weltschöpfende Gottheit verehrt, die die weibliche Weisheit verkörpert. Der Leviathan ist zwar männlich, den weiblichen Urbildern aber so ähnlich, daß wir annehmen können, mit seiner Identität ist der Kult um die große Göttin gemeint. In der kanaanitischen Sprache, in der Leviathan auch Lotan oder Lawtan genannt wird, bedeutet „Lat" „Göttin".

In der Bibel wird der Leviathan zu den verruchtesten Wesen gezählt: „Zu der Zeit wird der HERR heimsuchen mit seinem harten, großen und starken Schwert den Leviathan, die flüchtige Schlange, und den Leviathan, die gewundene Schlange, und wird den Drachen im Meer töten." So wird seine hoffnungsvolle Vernichtung in Jesaja 27 unter der Überschrift „Israels Erlösung" beschrieben. Der Herr hat dabei sicher nicht nur an die Rettung der gepeinigten Seefahrer gedacht.

Die Stelle im 40. Buch Hiob, Passage 25, läßt noch mehr vermuten: „Kannst du den Leviathan fangen mit der Angel und seine Zunge mit einer Fangschnur fassen?" Die gespaltene Zunge einer Schlange erinnert an ein Symbol alter Frauenkulturen, vielleicht könnte der Leviathan aber auch etwas ausplaudern über seinen Kampf mit Jahwe, als der noch ein Heros war, der eine Frauenkultur zerstörte.

Wie wichtig die blutige Vernichtung des Leviathan für das Patriarchat war, zeigt sich darin, daß Jahwe nicht der erste war, der den Leviathan erschlug. Vermutlich mußte er mehrmals getötet werden, wie die Amazonen in der griechischen Mythologie mehrmals zu verschiedenen Zeiten ausgerottet wurden. Baal hatte ihn nämlich bereits einige Zeit vor Jahwe in dem südlich von Kanaan gelegenen Ugarit erschlagen. Baal war Berg- und Sturmgott, Sohngeliebter der Aschtoreth und somit ein klassischer Heros. Der Leviathan scheint sich aber wie Medusa ständig zu regenerieren, denn er attackierte fortan die Seeleute.

Die Urschlange der altnordischen Mythologie ist die Midgardschlange. Odins Sohn Thor versuchte sie zu töten. Odin, der nach alten Vorstellungen sein Leben und Wirken den Nornen verdankte, den Schicksalsgöttinnen der keltischen Mythologie, galt noch lange als Gott einer matriarchalen Kultur. Sein Sohn Thor bekämpfte eifrig diese weibliche Machtposition. Er köderte beim Angeln die Midgardschlange mit einem Ochsen: „Es zog gar tüchtig der wackere Thor den giftigen Wurm herauf an Bord. Mit seinem Hammer traf er das häßliche Haupt... Felsen krachten, und Berge dröhnten, es fuhr die alte Erde mächtig zusammen, es tauchte dann wieder die Schlange ins Meer." Hier zeigt sich der zerstörerische Angriff auf die Terra Mater. Aber offensichtlich überlebte auch die Midgardschlange, denn sie ist noch vielen Sterblichen begegnet, besonders im Mittelalter.

Als letzte bezeichnende Gewaltaktion eines männlichen Gottes gegen die weibliche Weisheit, die in den Schöpfungsmythen als Seeschlange symbolisiert wird, sei die grausame und arrogante Tat Marduks beschrieben, der Tiamat tötete. Tiamat bedeutet „die Urwässer, das Chaos vor der Schöpfung, die Salzwasser, der Ozean". Der junge aufstrebende Gott Marduk setzte sich über die Bestrebungen des Rats der männlichen Götter hinweg, mit der bedrohlichen Seeschlange Tiamat friedlich zu verhandeln. Er konnte vor den anderen Göttern Eindruck schinden, indem er Tiamats Weiblichkeit als Schwäche bezeichnete. Marduk bestand darauf, eine göttliche Vorherrschaft als

Preis für Tiamats Tötung zu bekommen. In grimmigem Kampf und mit List tötete er die göttliche Seeschlange und zerschlug sie in zwei Teile, aus denen er Himmel und Erde, also den Kosmos schuf.

Tiamat ist babylonischer Herkunft, ihre hebräische Schwester ist Tohuwabohu, die Göttin der Tiefe, das himmlische Ozean-Chaos. Tohuwabohu, heißt es im etymologischen Wörterbuch, „Bezeichnung des alten Testaments für den Zustand der Erde vor dem schaffend-ordnenden Eingreifen Gottes". Das bedeutet Schöpfung als Zerstörung. Und was wird zerstört?

Paul Ricoeur schreibt in der „Symbolik des Bösen": „Die Schöpfung ist ein Sieg über einen Feind, der älter ist als der Schöpfer; dieser der Gottheit immanente Feind wird seine historische Gestalt in allen Feinden bekommen, die der König, der Diener Gottes, seinerseits zu vernichten beauftragt ist; so ist die Gewalttat in den Ursprung der Dinge eingezeichnet, in das Prinzip, das aufbaut, indem es zerstört."[5]

Catherine Keller ergänzt das Wesentliche: „Ricoeur ignoriert die Tatsache, daß der Urfeind eine Frau und der durch ihre Vernichtung geschaffene Kosmos nicht zufällig ein Patriarchat ist."[6]

Und was hat das alles mit Piratinnen zu tun? Sie bewegen sich auf dem Wasser, dem Element, in dem das Urweibliche zu Hause ist. Frauen scheinen auf dem Wasser den Heimvorteil zu haben. Frauen an Bord waren gefürchtet oder wurden als Glücksbringerinnen angesehen. Piratinnen galten als besonders bedrohlich und wurden als Anführerinnen zu einer Zeit akzeptiert, in der Frauen an Land längst ihrer Rechte und Würde beraubt waren. Oft wurden die Piratinnen mit Furien oder Seeschlangen verglichen.

1672 äußerte sich der Gouverneur von Jamaika, Sir Thomas Lynch, über die Piraterie: „Dies verfluchte Gewerbe besteht schon so lange und ist so umfänglich, daß sie wie Unkraut oder Hydraköpfe ebenso rasch wieder emporschießen, wie wir sie niederhauen können."

Marion Meinzerin

ANMERKUNGEN

1 Milch und Honig sind Synonym für eine Frauenkultur, in der Ackerbau und Viehzucht betrieben wurde.

2 Bei Echidna handelt es sich möglicherweise um Echidne, die Schwester der Schlange Ladon, die der menschlichen Sprache mächtig war. Ladon bewachte die goldenen Äpfel der Hesperiden, bis Herakles ihn mit seinem Pfeil tötete. Echidne war
Tochter und Wächterin des Meeres.

3 Vgl. Catherine Keller, *Der Ichwahn*, Stuttgart 1989, Kap 2.

4 Erich Neumann, *Ursprungsgeschichte des Bewußtseins*, Frankfurt 1986, S. 162.

5 Paul Ricoeur, *Symbolik des Bösen,* Freiburg 1988, S. 209.

6 Catherine Keller, a.a.O., S. 101.

CHINESISCHES MEER

Wir sind im Chinesischen Meer, das bis in unser Jahrhundert hinein die Heimat vieler Piratinnen war und vielleicht heute noch ist. Nach westlicher Zeitrechnung befinden wir uns an der Schwelle zum 19. Jahrhundert.

Durch die schlammigen Straßen von Shanghai drängelt sich die Menge, vorbei an den mit Matten bedeckten Verkaufsständen und Geschäften. Seiltänzer wirbeln durch die Luft, schwer bepackte Esel werden durch das Gewimmel gezogen. Fliegende Händler tragen Körbe mit Süßigkeiten, Nadeln, Tee, Reiskuchen oder Fächern. Handwerker flicken Porzellan mit Nieten zusammen, Friseure rasieren ihren Kunden die Stirn und flechten die restlichen Haare zum Zopf, wie es Vorschrift war für die Chinesen als Zeichen der Unterwerfung unter die Fremdherrschaft der Mandschu-Dynastie. Wahrsager sehen mit Hilfe des I Ging in die Zukunft und verkaufen Kalender mit den Glückstagen der kommenden Monate. Bettler lungern herum.

Auf dem Wasser schaukeln die Dschunken der Fischer-, Händler- und Piratenfamilien. Sie wohnen dort zu vielen auf engem Raum. Im Hafen riecht es nach gebratenem Fisch und Knoblauch, hin und wieder zieht eine Fahne von Opiumrauch vorbei.

Mandarins lassen sich in Sänften durch die Straßen tragen, die Farben verraten ihren Rang: grün für einen Mandarin des ersten und zweiten Ranges, blau für einen Mandarin des dritten und vierten Ranges. Das kaiserliche Gelb ist allein dem „Sohn des Himmels" und seinem Gefolge vorbehalten.

Ein alter Mann mit vernarbtem Gesicht verkauft Tuschbilder. Drei Schritte weiter ein Geschichtenerzähler. Bei näherem Hinsehen ist es eine Frau, die sich als Mann verkleidet hat. Sie sitzt auf einem niedrigen Schemel, umgeben von Leuten, die sich während des Zuhörens die Läuse von den Köpfen suchen. Sie erzählt die Geschichte von Pao und der gelben Rosenhecke.

TSCHIAO KUO FU JEN
Frauenbefreiung im Zeichen der gelben Rose

Eine alte Legende aus der Zeit um 600 v.Chr. erzählt die wundersame Geschichte von Pao und der gelben Rosenhecke. Schon damals machten PiratInnen das Gelbe Meer unsicher. Einige kamen von der Inselgruppe, die wir heute Japan nennen. Sie segelten zu den Küsten Chinas und raubten dort Frauen, um sie in ihrer Heimat zu verkaufen. Einmal erwischte eine Horde dieser Seeräuber an den Gestaden um Ho-ang-Ho das Mädchen Pao. Sie nahmen sie mit auf ihr Schiff. Pao gefiel dem Piratenführer, und er wollte sie vergewaltigen, doch das gelang ihm nicht. Denn Pao trug einen Schal, der sie schützte. Jedesmal, wenn ihr einer zu nahe kam, verwandelte sich dieser Schal in eine Hecke mit gelben Rosen und tausend Dornen. So überstand Pao die Fahrt übers Meer. Wie die anderen geraubten Frauen wurde sie versteigert. Mit ihrer wundersamen Rosenhecke galt sie als etwas Besonderes. Sie landete im Gefolge des Sohnes der Sonnenkönigin.

Eines Tages, als Pao sich am Strand aufhielt, wie immer streng bewacht, landete plötzlich ein Schiff, die Bewaffneten sprangen heraus und erschlugen die Wächter. Pao erkannte die Anführerin, es war die berühmte Tschiao Kuo Fu Jen, eine Piratin aus Paos Heimat. Sie befreite Pao und brachte sie mit ihrem Schiff nach Hause.

China war lange von westlichen Einflüssen unberührt geblieben. Grund dafür war das Selbstverständnis der Chinesen, eine Mischung aus Selbstgenügsamkeit und Selbstherrlichkeit. China fühlte sich als das Reich der Mitte. Als das Reich, das im Zentrum der Welt steht. Alle anderen Völker galten als Barbaren und hatten keine Bedeutung.

Die Chinesen weigerten sich lange, westliche Kolonisatoren ins Land zu lassen – bis Engländer und Franzosen im 19. Jahrhundert mit Gewalt eindrangen. Bis dahin hatten die europäischen Handelsmächte es schwer, im Reich der Mitte neue Handelsbeziehungen aufzubauen. Zwar war es der Ostindischen Kompanie Englands gelungen, sich 1786 in Kanton zu etablieren, doch die Chinesen taten sich schwer, Waren zu kaufen von den „Barbaren des westlichen Ozeans", wie die Europäer in offiziellen Dokumenten genannt wurden. Im Volksmund hießen sie „großnasige Haarige" oder „fremde Teufel".

Der Handel war begrenzt und relativ ausgeglichen: Die Engländer führten Zinn, Blei und Wollstoffe nach China ein, die Chinesen verkauften ihnen Seide und Tee. Doch das genügte der Ostindischen Kompanie nicht. Die Briten begannen, massenweise Opium von Indien nach China zu exportieren. Der Kaiser verbot diesen Opiumdeal, aber die großnasigen Händler hielten sich nicht daran. In den korrupten Mandarins fanden sie bereitwillige Mittäter. Ein ertragreiches Feld tat sich auf für Schmuggel, Erpressertum und Piraterie.

„Wir sind nur Rauch im Wind, nur wie die Woge der See im Taifun, wie zerbrochene Bambusstäbe, hinfließend und versinkend, auf und ab, ohne der Rast zu gedenken."

Tschang Paou, Leutnant der Piratenführerin Tsching

Admiral Tsuen Mau Sun lehnte sich gegen die Reling seines Flaggschiffes und zündete sich ein Opiumpfeifchen an. Das hatte er verdient, befand er, denn er hatte soeben eine Schlacht gegen die gefürchtetste Dämonin des Chinesischen Meeres einigermaßen erfolgreich hinter sich gebracht.

Tsching Yih Saou, die Anführerin der größten Piratenflotte, hatte er in die Flucht geschlagen. Mit einer Hundertschaft kaiserlicher Kriegsschiffe war Tsuen losgefahren, um der grausamen Seeräuberin das Handwerk zu legen. Gefreut hatte er sich auf dieses Unternehmen nicht, denn wenn er an das Schicksal seiner Vorgänger dachte, packte ihn das kalte Grauen.

Der erste, der versucht hatte, mit der Sonderherrschaft der Dame Tsching aufzuräumen, war Admiral Kwo Lang. Er wurde von der raffinierten Strategin böse ausgetrickst. Die Aktion endete mit vielen Toten auf seiten der kaiserlichen Marine und dem Selbstmord des Admirals, der es nicht ertrug, als Gefangener der Frau Tsching von deren Gnade abhängig zu sein.

General Lin Fa startete den zweiten Versuch. Er verlor schon den Mut, als er die riesige Piratenflotte mit den sechshundert Kampfdschunken vor sich sah. Unverzüglich drehte er bei und floh Richtung Heimathafen. Doch die Geschwader der Tsching Yih Saou hatten ihn schnell eingeholt. Da es absolut windstill war, sprangen die PiratInnen ins Wasser, schwammen mit ihren Dolchen zwischen den Zähnen zu den feindlichen Schiffen und enterten alle, ohne Ausnahme.

Tsuen war nun der dritte in diesem Jahr, und er mußte zugeben, daß der Himmel ihm einen günstigen Tag geschenkt hatte. Während des Gefechts hatte die Takelage der Piratenschiffe Feuer gefangen, und die Dschunken der Tsching mußten sich zurückziehen. Zwar hatten sie die Anführerin nicht erwischt, dafür aber viele andere Frauen und Männer gefangengenommen. Eine hatte mit besonderem Eifer gekämpft. Tsuen sah die Piratin noch vor sich, wie sie, in jeder Hand ein Entermesser, wie eine wilde Bestie die Soldaten attackiert und viele von ihnen verletzt hatte, bis man sie überwältigte.

Der Admiral des Kaisers freute sich nun auf seine Rückkehr. Sicherlich würde er zahlreiche Ehrungen empfangen, und vielleicht durfte er nun an seiner Seidenkappe die Straußenfeder mit zwei Augen tragen.

Tsuen Mau Sun hatte seine Pfeife noch nicht zu Ende geraucht, als von einer benachbarten Dschunke entsetztes Geschrei losging: „Sie kommen zurück, die Piraten sind hinter uns her!" Wenige Stunden später trieben die Überreste von hundert kaiserlichen Kriegsschiffen auf den Wellen.

Einer der wenigen Soldaten, die den Rachezug der Tsching überlebt hatten, beschrieb das Gemetzel: „Unser Geschwader war zerschlagen, durcheinandergewürfelt und total zerstückelt. Da war ein Lärm, der den Himmel zerriß, jeder kämpfte um seine eigene Haut, und kaum hundert Leute haben überlebt."

Das war kurz vor dem achtzehnten Monat des achten Mondes, nach westlicher Zeitrechnung im Jahr 1808.

Die Dame Tsching war die berüchtigtste Piratin ihrer Zeit im Chinesischen Meer. Sie hatte das Kommando über 70 000 Leute. Nachdem ihr Mann gestorben war, hatte sie von ihm die Flotte übernommen. Herr Tsching hatte als Pirat soviel Ruhm und Macht erlangt, daß der Kaiser ihn zum „goldenen Drachen des Herrscherstabes" ernannte, d.h. er wurde zum kaiserlichen Stallmeister erhoben. Damit sollte er von seinen Überfällen abgelenkt werden.

Das Ehrenamt hinderte Tsching jedoch nicht daran, weiterhin vor den Küsten von Annam und Kochinchina, dem heutigen Vietnam, zu kapern, bis ein Taifun ihn hinwegraffte. Nach einer anderen Quelle ist er bei einem Überfall gefangengenommen und zu Tode gefoltert worden. Die geflohenen PiratInnen aus seinem Geschwader sollen bei ihrer Rückkehr auf das Flaggschiff von Frau Tsching mit den Worten empfangen worden sein: „Unter einem Manne seid ihr geflohen. Wollen sehen, wie ihr euch unter der Hand einer Frau bewährt."

Frau Tsching war eine dreiste und außergewöhnlich erfolgreiche Seeräuberin. Sie habe die Weisheit eines Mandarins in seiner siebten Inkarnation und die Autorität eines Kaisers, wurde ihr nachgesagt.

Vermutlich war sie auf einer Dschunke zur Welt gekommen. Seeraub war in China ein Familienunternehmen. Die Piratenclans wohnten auf ihren Schiffen, im Gegensatz zu den PiratInnen der Karibischen See und anderer Meere. Vielköpfige Großfamilien lebten da auf engstem Raum. Bei Schlachten waren alle dabei, von Kindesbeinen an konnten – oder mußten – die Mädchen und Jungen auf den Piratenschiffen ihr Handwerk lernen. Die Frauen auf den Kampfdschunken standen zunächst im Dienst ihrer Väter; als Ehefrau eines Piratenführers wurden sie dessen erster Leutnant, und nicht selten wurden sie nach dem Tod ihres Mannes zur Nachfolgerin ausgewählt. Der Lebenslauf der Witwe Tsching war also keineswegs eine Ausnahme. Einmalig war ihr Erfolg.

Einen Eindruck vom Leben auf einer Piratendschunke gewann der englische Offizier Glasspoole, der drei Monate lang auf einer Dschunke der Tsching Yih Saou gefangen war. In einem Bericht gab er zu Protokoll:

„Im hinteren Teil lebt der Kapitän mit seiner Familie, meistens hat er fünf oder sechs Frauen. Jeder Mann hat mit seinen Frauen und Kindern einen Raum von etwa vier Fuß im Quadrat zur Verfügung. So viele Seelen auf sowenig Platz, das läßt erraten, wie dreckig es dort war; auf den Schiffen wimmelte es von allen möglichen Insekten. Es gab auch eine Menge Ratten, und die wurden geradezu gezüchtet, denn sie galten als Spezialität, zumal es ohnehin kaum ein Tier gab, das sie nicht aßen. Während meiner Gefangenschaft habe ich von Reis mit hineingekochten Raupen gelebt. Die Piraten lieben das Spiel und verbringen ihre freie Zeit mit Kartenspielen und Opiumrauchen."

Mr. Glasspoole mußte noch einiges mehr über sich ergehen lassen. Er erlebte Überfälle und Schießereien. Während der heißesten Gefechte spritzte Frau Tsching ihrer kostbaren Geisel immer wieder Knoblauchwasser ins Gesicht, denn das sollte vor Schüssen schützen. Nach langen Verhandlungen wurde Glasspoole gegen zwei Ballen feinen Stoff, zwei Kisten Opium, zwei Kisten Schießpulver, ein Teleskop und ein Lösegeld von 7654 Dollar freigelassen.

Die Dame Tsching überfiel alles, was ihr in den Weg kam. Erwischte sie ein Schiff, das zur kaiserlichen Marine gehörte, wurden alle Gefangenen umgebracht. Kauffahrer dagegen mußten nur dann mit dem Tod rechnen, wenn sie Widerstand leisteten. Wer kein Geld hatte, um sich freizukaufen, wurde vor die Wahl gestellt: entweder Umschulung zum Piraten oder ein qualvoller Tod. Frauen und Kinder, die kein Lösegeld einbrachten, wurden verkauft. Sie wurden zu den

Menschenhändlern in der portugiesischen Handelsstation Makao gebracht, die ihre Opfer auf die Harems- und Bordellmärkte bis nach Singapur, Bombay und San Francisco verschoben. Europäer, Frauen wie Männer, waren besonders begehrte Geiseln, denn sie brachten hohe Lösegelder ein.

Nach Mafiamanier kassierte Tsching Yih Saou Schutzgelder von den Leuten an Land. Sie plünderte und brandschatzte die Anwesen der Mandarins, den Bauern raubte sie nichts. Ihnen gab sie ein angemessenes Entgelt für die Lebensmittel, die sie ihnen nahm.

Wer dabei erwischt wurde, PiratInnen zu versorgen oder ihnen Beute abzukaufen, bekam nach dem Gesetz eine ordentliche Prügelstrafe und wurde zu Militär- oder Arbeitsdienst deportiert. Wer gegen sie aussagte, konnte mit Strafmilderung rechnen: Kronzeugenregelung auf chinesisch. Die PiratInnen selbst wurden enthauptet, wenn sie in die Fänge der kaiserlichen Ordnungshüter gerieten. Ihr Kopf wurde öffentlich ausgestellt. Das war eine besonders harte Strafe, denn nach der Lehre des Konfuzius war es wichtig, mit dem ganzen Körper begraben zu werden, damit der Geist vollkommen intakt das Jenseits betreten konnte.

Die Aussicht auf den Tod durch Enthauptung hinderte die 70 000

Untergebenen der Frau Tsching jedoch nicht, unter ihrem Kommando die südchinesischen Küstengewässer vom Gelben Meer bis zur Straße von Malakka unsicher zu machen. Eine Alternative hatten sie ohnehin nicht. Seit Beginn des 19. Jahrhunderts wurde das chinesische Volk immer ärmer. Die Geburtenzahlen stiegen, die Nahrungsmittel wurden knapper. Am kaiserlichen Hof in Peking wurde weiterhin geschlemmt, die Mandarins sicherten sich durch Bestechungsgelder ein angenehmes Leben, und mit der Armut wuchs im Volk der Unmut über die Machthabenden.

Frau Tsching hatte ihre Flotte wohl durchdacht organisiert. Ihre Kampfdschunken waren in sechs Geschwader eingeteilt. Jedes Geschwader segelte unter einer eigenen Flagge, hatte eine eigene Farbe und wurde von einem Zahlmeister kommandiert, der mit kostbaren Kleidern und einem Ehrennamen ausgestattet war. Sie hießen „Juwel der Besatzung" oder „Mahlzeit der Frösche", aber auch „Messer am Genick" oder „Geißel des östlichen Meeres".

Die Flotte war wie eine konstitutionelle Monarchie aufgebaut, mit einer absoluten Herrscherin an der Spitze. Es gab einen Rat, dessen Mitglieder die Piratenchefin höchstpersönlich ernannte, und einen Premierminister. Diesen Posten hatte sie ihrem Pflegesohn Tschang Paou anvertraut.

Paou war als Kind auf die Dschunke der Tschings gebracht worden, zusammen mit vielen anderen Kindern, um als Sklaven verkauft zu werden. Irgend etwas an dem Kind muß der jungen Gattin des Piraten Tsching gefallen haben. Sie nahm ihn zu sich und zog ihn auf. Als Herr Tsching starb, machte sie Paou zum Führer des roten Geschwaders und verlieh ihm den Ehrennamen „Feste der Festen".

Gemeinsam mit Premierminister Tschang Paou baute die Piratenchefin ein ausgeklügeltes Spionagenetz auf, mit dessen Hilfe sie stets informiert war über sämtliche Machenschaften in den Häfen, über mögliche Opfer und Verfolger.

Für das Verhalten auf den Dschunken verfaßte sie strenge Vorschriften. „Nicht der kleinste Gegenstand darf von der Beute privat beiseite gebracht werden. Alles muß genau registriert werden. Dem einzelnen stehen von zehn Teilen nur zwei zu. Acht Teile kommen ins Lagerhaus, in den allgemeinen Grundvorrat. Wer aber daraus etwas nimmt ohne Erlaubnis, wird mit dem Tode bestraft." Im Gegensatz zu ihren VorgängerInnen, die von der Hand in den Mund lebten, sorgte Frau Tsching dafür, daß es Vorräte gab, so daß ihre Dschunken stets gut verpflegt und gerüstet waren. Der Gebrauch des Wortes „Plünderung" war verboten. Die Dame Tsching sprach nur von „Überschiffung der Güter".

Ein anderer Paragraph schrieb vor: „Geht irgend jemand der Besatzung eigenmächtig an Land, sollen seine Ohren vor der ganzen Flotte durchlöchert werden. Bei nochmaliger Übertretung soll er den Tod erleiden."

Frau Tsching reglementierte auch die Gewalt gegen Frauen, die in der Piraterie keine Ausnahme war. Ihr Gesetz lautete: „Niemand soll seine Lust an gefangenen Frauen in den Dörfern oder auf offenen Plätzen stillen. An Bord muß er zu diesem Zwecke erst die Erlaubnis des Zahlmeisters einholen und sich dann beiseite in den Schiffsraum verfügen. Gegen eine Frau Gewalt anzuwenden ohne die Erlaubnis des Zahlmeisters, wird mit dem Tode bestraft."

Tsching Yih Saou schaffte per Gesetz die grausame Tradition ab, gefangene Frauen und Kinder auf den Schiffen an den Haaren aufzuhängen. Frauen und Kinder, „die ein zu großes Ansehen hatten", durften nicht verkauft, sondern sollten gegen Lösegeld freigegeben werden. Wurden sie nicht freigekauft, dann konnten die Piraten sie für eine geringe Summe kaufen, mußten sich aber verpflichten, sie „wie eine ehrbare Ehefrau zu behandeln". Wer sich nicht daran hielt, wurde auf der Stelle getötet.

Diese Reform war vermutlich weniger aus frauenfreundlichen denn aus taktischen Erwägungen entstanden: Frau Tsching konnte sich denken, daß ohne diese Klausel viele Frauen einfach über Bord gesprungen wären, um ihrem Leben ein Ende zu machen.

Wichtige Entscheidungen traf Tsching Yih Saou nie, ohne vorher einen bestimmten Genius zu befragen, dessen Statue auf allen Schiffen stand. Wenn er das okkulte Kommando gab, begann sie eine Schlacht, auch wenn die Entscheidung nach rationalen Gesichtspunkten unklug aussah. Die Witwe Tsching gehorchte immer dem Genius, der ihr per Inspiration die Befehle gab. Sie fuhr gut damit, denn die Befehle erwiesen sich jedesmal als strategisch richtig. Sie sorgten dafür, daß Frau Tsching zehn Jahre lang unbehelligt kapern und plündern konnte, ohne daß es der kaiserlichen Marine gelungen wäre, ihrer habhaft zu werden.

Wahrsagerei war und ist bis heute in China ein wichtiger Bestandteil des alltäglichen wie des politischen Lebens. Kein Kaiser heiratete, ohne die Horoskope der in Frage kommenden Bräute berechnen zu lassen; wenn irgendein wichtiger politischer Akt geplant war, bestimmten die Astrologen den dafür günstigsten Tag. Daß Tsching Yih Saou einen so guten Draht zu den außerirdischen Mächten hatte, steigerte ihre Autorität. Der Erfolg des räuberischen Unternehmens Tsching wuchs und wuchs.

Immer mehr britische Handelsschiffe kamen in die chinesischen Küstengewässer. Sie waren entweder geeignete Opfer oder Auftraggeber für Opiumschmuggel und Menschenhandel. Als die kaiserliche Regierung erkannte, daß sie gegen die mächtige Flotte der Tsching Yih Saou nichts ausrichtete, sah sie sich gezwungen, die ungeliebten Barbaren um Hilfe zu bitten. Doch selbst die Briten mit ihren schweren Kanonenschiffen kamen gegen die unberechenbaren Dschunkengeschwader, die unerwartet irgendwo auftauchten und ebensoschnell wieder verschwanden, nicht an. Sie gaben sich aber auch keine besondere Mühe, denn noch waren die PiratInnen ihnen genauso angenehm wie die bestechlichen Mandarins in den Häfen: Sie halfen ihnen, die restriktiven Handelsgesetze der kaiserlichen Regierung zu unterlaufen. Was sich in den chinesischen Gewässern abspielte, war ein Kampf aller gegen alle. Ob PiratInnen, kaiserliche Beamte oder europäische Kaufleute – alle handelten skrupellos im Interesse des eigenen Profits.

Irgendwann kam Zwietracht auf zwischen den Untergebenen der Tsching Yih Saou. Der Leutnant des Geschwaders mit der grünen Fahne konnte es nicht mitansehen, wie Paou, Leutnant des roten Geschwaders, seine Vormachtstellung immer weiter ausdehnte. Die beiden rivalisierten so lange miteinander, bis eines Tages der Grüne dem Roten sechzehn Dschunken mit dreihundert Leuten versenkte. Anschließend schrieb er einen Brief an den Gouverneur von Makao, bekundete seine Reue und bat um Amnestie. Der Gouverneur ließ sich darauf ein. Er gewährte dem Führer des grünen Geschwaders und seinen 8000 Untergebenen Straffreiheit und stellte ihnen eine Wohnsiedlung mit Ackerland zur Verfügung. Für Frau Tsching war das ein schwerer Schlag. Sie hatte ein Geschwader mit einhundertsechzig Kampfdschunken, fünfhundert großen Kanonen und fünftausendsechshundert Waffen verloren. Sie begann darüber nachzudenken, ob es angesichts dieser Niederlage nicht auch für sie günstiger wäre, mit dem Gouverneur in Verhandlungen zu treten. Sie fragte ihren Genius und ließ sich von ihm befehlen, an Land zu gehen und mit dem Gouverneur zu reden.

Es muß wie eine riesige Staatsaktion ausgesehen haben, als die gigantische Flotte der Tsching Yih Saou im Delta von Hsiang Kiang erschien. Begleitet von Musik und Salutschüssen bestieg die Piratenchefin die Dschunke des Gouverneurs. Sie wurde behandelt wie die Regentin eines sehr mächtigen Landes. Tsching Yih Saou und ihre Leute kapitulierten und gingen an Land. Alle erhielten die Amnestie nebst einer Wegzehrung: ein Stück Schweinefleisch, einen Liter Wein und etwas Zehrgeld.

Über das weitere Schicksal der Dame Tsching gibt es unterschiedliche Überlieferungen. Die einen behaupten, sie habe den Gouverneur geheiratet und sei eine ehrenwerte Dame geworden. Die anderen berichten, sie habe sich in Makao niedergelassen und eines der erfolgreichsten Schmuggelunternehmen gegründet. Vielleicht stimmt beides. Denn es schließt sich nicht aus, ganz im Gegenteil: Als Gattin eines Gouverneurs mit entsprechenden Kontakten und dem notwendigen Draht zur Ordnungsmacht ist es sicherlich einfach, unbehelligt zu schmuggeln und gleichzeitig eine Dame der Gesellschaft zu sein.

Der englische Offizier Glasspoole, der sich über die Küche der PiratInnen aufregte, wußte offensichtlich nicht, was gut ist. Heute ist das anders. FeinschmeckerInnen in aller Welt schätzen die kulinarischen Besonderheiten der chinesischen Küche. Geröstete Maden sind in Neuseeland eine Delikatesse. Für einen Toast mit Ameisen zahlen europäische Gourmets horrende Preise. Doch Maden und Ameisen machen nicht die chinesische Küche aus. Die PiratInnen aßen lieber Meerestiere in allen Variationen.

Frau Tsching besaß neben ihren sechshundert Kampfdschunken mehrere hundert Küchen- und Versorgungsschiffe, deren Aufgabe war, die Flotte mit Lebensmitteln zu versorgen. In den Häfen und Umgebung besorgten die Besatzungen dieser Schiffe die Nahrungsmittel, die sie auf dem Weg zur Flotte zubereiteten. Auf hoher See widmeten sie sich dem Fischfang, während die Besatzungen der Kampfschiffe ihrem Handwerk nachgingen. Die Geschwader der Tsching Yih Saou galten nicht umsonst als die am besten organisierten ihrer Art. Wie auf allen Meeren war auch in China die Küche der PiratInnen weitaus besser als die der Handels- und Marineschiffahrt. Die PiratInnen, deren Gemeinschaft weniger hierarchisch war als die der regulären Seefahrt, waren sehr auf das leibliche Wohl bedacht und pflegten es, soweit die Umstände es zuließen.

In China hat gutes Essen einen viel höheren Stellenwert als im Westen, der Zubereitung des Essens wird sehr viel Zeit und Liebe gewidmet. Interessant ist der Vergleich: Während die PiratInnen in der Karibik aus dem Haifischfleisch Minuten-Steaks machten (s. S. 162), kochten die ChinesInnen daraus eine Suppe, deren Zubereitung mindestens vier Stunden dauert.

Gedünstete rotgekochte Haifischflossen

Zutaten:
400 Gramm Haifischflossen
100 Gramm zerstoßene Garnelen
10 große getrocknete Dongu-Pilze
50 Gramm getrocknete Bambussprossen
1 Scheibe Ingwerwurzel

2 EL Schweineschmalz
1 Teelöffel Salz
2 EL Sojasoße
4 EL chinesischer Weißwein
3/4 l Hühnerbrühe
Kochsud von dem rotgekochten Fisch
1 TL Sesamöl
1 EL Maisstärke

Vorbereitung:
Die Flossen säubern und in lauwarmes Wasser legen. Die zerstoße-
nen Garnelen und die Dongu-Pilze dreißig Minuten in einem viertel
Liter warmem Wasser einweichen. Danach das Wasser wegschütten.
Auch die getrockneten Bambussprossen werden eingeweicht und
danach in Streifen geschnitten.
   Die Haifischflossen gründlich abschrubben und in gut einem Liter
Wasser eine Stunde lang sanft köcheln. Dann Wasser abgießen.

Zubereiten:
Die Haifischflossen erneut mit einem Liter Wasser bedecken und ein-
einhalb Stunden lang auf schwacher Flamme kochen. Dann gut ab-
tropfen lassen.
   3/4 Liter Hühnerbrühe zum Kochen bringen. Ingwer und zerstoßene Garnelen zufügen und dreißig Minuten köcheln lassen. Die Brühe durch ein Sieb filtern und Ingwer und Garnelen wegwerfen. In
einem zweiten Topf Schmalz erhitzen, Bambussprossen und Pilze mit
dem Salz darin eine Minute lang braten, dann Sojasoße, Wein, Brühe
und Haifischflossen hinzugeben. Alles zusammen zwanzig Minuten
lang unter Umrühren auf kleiner Flamme kochen lassen. Topf vom
Feuer nehmen und die 3 EL Maisstärke langsam einrühren. Sesamöl
auf die Suppe träufeln.

Servieren:
In einer großen Schüssel anrichten, die Haifischflossen müssen oben
schwimmen.

China ist auf unserer Reise das Land, das am weitesten von Europa entfernt ist, nicht nur räumlich, sondern auch kulturell.

Was ist das für ein Land, in dem noch im 20. Jahrhundert ein dreijähriges Kind auf den Drachenthron gesetzt wurde und sich alle vor ihm niederwerfen mußten? In dem die überhöhte Steuereintreibung durch die Beamten legalisiert und „Pflege der Unbestechlichkeit" genannt wurde? Was ist das für eine Sprache, in der die entstellende Krankheit Blattern „Besuch von den himmlischen Blumen" genannt wird und ein Leutnant den Namen „Mahlzeit der Frösche" erhält?

Geschichte und Kultur der ChinesInnen sind uns so fremd, daß wir – fasziniert und fassungslos zugleich – nichts anderes tun können als neugierig hinschauen, staunend unsere Wahrnehmung wiedergeben, wissend, daß es eine durch die westliche Brille sehr eingeschränkte Wahrnehmung ist.

Unsere Maßstäbe versagen, wenn wir zum Beispiel Einschätzungen abgeben wollen über die gesellschaftliche Stellung der Frau in China. Immer wieder stoßen wir auf Widersprüche: Einerseits gibt es viele Hinweise auf Unterdrückung, die in den verstümmelten Lotusfüßen einen besonders grausamen Ausdruck findet; andererseits begegnen uns unzählige Geschichten von Frauen, die gekämpft haben; wir stellen z.B. fest, daß seit dem berüchtigten Seeräuber Koxinga im 17. Jahrhundert fast alle berühmten Seeräuberführer Frauen waren.

Die Quellen, mit deren Hilfe wir uns über China kundig machen, sind westliche Quellen, von EuropäerInnen geschriebene Bücher. Authentisch sind lediglich die Bilder, Abbildungen von chinesischen Seidenmalereien oder Buchillustrationen. Doch die sind ohne Erläuterungen nicht zu verstehen.

Da ist z.B. das Bild in einem Buch von Marina Warner[1]: In einem mit Blumenvorhängen und großgemusterten Tapeten ausgestatteten Raum liegt ein halbnackter Mann blutüberströmt am Boden. Daneben liegt eine Frau in Männerkleidern, also in einer weiten Hose, einem Kimono und dicken Stiefeln. Die Mütze ist ihr vom Kopf gefallen. Drumherum Männer mit Stöcken und triumphierenden Blicken, einer hat ihr einen Stiefel ausgezogen und hält ihren verkrüppelten Fuß in der Hand.

„Mysteriöse Vorgänge in einem Bordell des 19. Jahrhunderts", steht neben dem Bild. „Ein Mädchen hat einen seiner Kunden ermordet, ihm seine Kleider gestohlen, sich damit als Mann verkleidet und will fliehen. Sie wird jedoch von ihren Zuhältern entdeckt, ebenfalls getötet, und ihr Kopf wird vom Rumpf getrennt."

Die Lilienfüße oder Lotusfüße, wie die verkrüppelten Füße der Frauen genannt wurden, waren eine Erfindung der chinesischen Oberschicht. Kleine Füße galten als schön, sie waren eine Garantie dafür, daß die Frauen ans Haus gebunden waren. Mit dem Abbinden der Füße, das im Alter von sieben bis acht Jahren begann, wurden die Frauen zu Gehbehinderten gemacht. Einige konnten überhaupt nicht mehr laufen und waren darauf angewiesen, auf den Knien zu rutschen oder sich tragen zu lassen. „Großfüßiges Mädchen" war in China ein Schimpfwort. Die chinesische Frauenbewegung hat seit dem 19. Jahrhundert gegen die Lotusfüße gekämpft. Sie und andere Bewegungen waren es schließlich, die die Frauen von ihren Fußfesseln befreiten.

Als Frau in China auf die Welt zu kommen, war kein Segen, sondern Strafe für ein vorheriges sündiges Leben. Eine „unglückliche Niederkunft" wurde die Geburt eines Mädchens genannt. Viele weibliche Neugeborene wurden umgebracht. Nach der Lehre des Konfuzius, die das Leben in China bestimmte, mußten Frauen der dreifachen „Regel des Gehorsams" folgen: Sie waren als Tochter dem Vater, als Frau dem Mann und als Witwe dem Sohn unterworfen. Daß sie sich in der Praxis nicht daran hielten, beweisen nicht nur unsere Piratinnen, sondern auch andere Geschichten, wie zum Beispiel die vom Treffen der Pantoffelhelden, die Gudula Linck wiedergibt:

„Als sich eines Tages alle Pantoffelhelden versammelten, um zu besprechen, was sie als ihre ureigenen Rechte geltend machen sollten, erlaubten sich einige Leute den Spaß, die Männer zu erschrecken, indem sie ihnen sagten, ihre Frauen hätten Wind von der Versammlung bekommen und seien auf dem Weg, um ihre Männer zu verprügeln. Sogleich suchten die Männer das Weite, mit Ausnahme eines einzigen, der allein sitzen blieb, ohne Furcht zu zeigen. Als man ihn jedoch genauer in Augenschein nahm, stellte sich heraus, daß er vor Angst gestorben war."[2]

Diese Pantoffelheld-Bewegung ist eine Erfindung – Phantasien spiegeln bekanntlich Ängste. Hier sei noch auf eine andere Bewegung hingewiesen, die es in Südchina bereits im vorigen Jahrhundert gab: eine Frauen/Lesben-Bewegung.

Die Seidenspinnerinnen im Perlflußdelta hatten sich zu Schwestern-schaften zusammengeschlossen, in denen sie gemeinsam lebten. Die Frauen, die sich durch Arbeit in der Seidenindustrie selbst versorg-ten, schworen sich Treue bis an ihr Lebensende und weigerten sich, einen Mann zu heiraten. Wenn eine Familie versuchte, eine Tochter, die sich in die Schwesternschaft „verirrt" hatte, zwangsweise zu ver-heiraten, halfen ihr die Mitschwestern, sich dagegen zu wehren. Frauen, die trotzdem zur Heirat gezwungen wurden, verweigerten sich den sexuellen Annäherungen des Angeheirateten und kehrten nach der Hochzeit zu ihren Schwestern zurück. Die aufmüpfigen Frauen vom Perlflußdelta bestimmten selbst, mit wem sie eine Lie-besbeziehung eingingen. Viele von ihnen bevorzugten Frauen und führten lesbische Lebensgemeinschaften.[3]

Doch bevor wir abdriften in ein uferloses Thema, halten wir nun wieder Kurs auf unsere Piratinnen.

Die Engländer hatten begriffen, daß die Piraterie im Chinesischen Meer auch ihnen schadete. Die zahlreichen Überfälle machten das Reisen gefährlich und minderten die Kaufkraft. Das wirkte sich negativ auf die englische Handelsbilanz aus, ein Grund für die Briten, den Kaiser im Kampf gegen das Unwesen der Seeräuberei zu unterstützen. 1834 begann eine großangelegte internationale Jagd auf PiratInnen. Hohe Kopfgelder wurden ausgesetzt.

Das brachte viele englische Kaufleute auf die Idee, sich etwas ne-benbei zu verdienen, indem sie irgendwelche unschuldigen Chine-sen fingen und als Piraten ablieferten. Britische Offiziere besserten ihren Sold auf, indem sie mit den PiratInnen gemeinsame Sache machten. Sie stellten ihnen Konvois unter englischer Flagge zur Ver-fügung, so daß sie gut geschützt kapern und anschließend fliehen konnten.

Die Bilanzen blieben am Boden. Alle Versuche der englischen Han-delsgesellschaften, ihre Absatzmärkte in China zu vergrößern, schlu-gen fehl. Die kaiserliche Regierung erlaubte ihnen nicht, im Reich der Mitte „freien" Handel zu treiben. Lediglich vor den Mauern der Stadt Kanton war es ihnen erlaubt, mit Agenten des Kaisers zu ver-handeln. Die Chinesen wollten ihre Wollstoffe, Luxusartikel und tech-nischen Geräte einfach nicht kaufen. Sie brauchten sie nicht. 1839 verbot der Kaiser erneut den illegalen Opiumhandel und schickte den Kommissar Lin Tse-hsü nach Kanton, um den Schmugglern das Hand-werk zu legen.

„Wenn du die überflüssigen Dinge unserer Zivilisation nicht kaufen willst, dann müssen wir eben Gewalt anwenden." Nach diesem Grundsatz des Kolonialismus begannen die Engländer nun den Opiumkrieg. Sie bombardierten die südchinesische Küste, drangen durch die Mündung des Yang-Tze bis nach Nanking und zwangen den Kaiser zur Kapitulation. China mußte Hongkong an England abtreten, zahlreiche Städte für den Handel der Kolonialmächte freigeben und Entschädigung für einen Krieg zahlen, den es nicht gewollt hatte.

Einen zweiten Krieg brachen die Engländer vom Zaun, als chinesische Beamte sich erlaubten, ein Schiff mit britischer Flagge zu überprüfen, weil sie es für ein Schmugglerschiff hielten. Diesmal marschierten die Briten – gemeinsam mit den Franzosen – nach Peking. Unterwegs zerstörten und plünderten sie den kaiserlichen Sommerpalast Yüan-ming-yüan. Was sie dabei erbeuteten, übertrifft die wildesten Seeräubereien.

„Das französische Lager schwelgte in Seide und Schmuckwaren", beobachtete ein neidischer Engländer. „Ein französischer Offizier hatte eine herrliche Perlenkette, jede Perle so groß wie eine Murmel… andere hatten mit Diamanten besetzte Tuschkästen, Uhren und mit Perlen besetzte Vasen."[4]

Daß auch die Engländer sich an den Schätzen des chinesischen Volkes nicht schlecht bedienten, entnehmen wir dem Bericht des englischen Kaplans Rev. M. Ghee: „,Was ist das hier, Gold ist es wohl nicht?' sagte S., als er mit einiger Mühe eine Götterstatue von fast einem Meter Höhe hochhob. ,Gold, mein Wertester, glauben Sie, daß Gold in China so reichlich vorhanden ist, daß man in einem so entlegenen Tempel wie diesem goldene Götter hat, wo jeder sie forttragen könnte?' ,Sie ist aber ganz schön schwer', sagte er, ,wenn es kein Gold ist, können wir die Statue ja zerschlagen und nachsehen.' Die Gottheit krachte mit schwerem dumpfem Aufschlag auf den Marmorboden, aber es war kein Riß an ihr zu entdecken. ,Ich bin sicher, es ist Gold', sagte S. ,Dann nimm sie mit nach Hause', sagte ich lachend."[5]

Das Resultat dieses Krieges: Die Europäer erhielten noch mehr Rechte auf Handel, Besitz und Rechtsprechung in China; Opiumhandel und christliche Mission wurden zugelassen. Die Folgen für das chinesische Volk: wachsende Armut, Finanznot des Staates und zunehmende Abhängigkeit von fremden Mächten. Die Piraterie blühte erneut auf.

Wir befinden uns in den zwanziger Jahren des zwanzigsten Jahrhunderts.

Abendstimmung an Bord der *Solviken*. Das norwegische Küstenschiff schaukelt langsam über die Wellen des Südchinesischen Meers. Die Lagerräume, die zu Schlafsälen umgewandelt worden sind, sind mit Menschen überfüllt. Frauen, Männer und Kinder sitzen auf ihren Matten zwischen Bündeln und Säcken, einige bereiten etwas zu essen, andere waschen ihre Wäsche. Manche schlafen. Auf dem Vorderdeck stehen ein paar Passagiere der ersten Klasse und betrachten den Sonnenuntergang.

Kurz danach haben sich die Passagiere im Speisesaal zum Abendessen versammelt. Plötzlich ertönt ein ungewöhnliches Geräusch: Drei Gongschläge verheißen Unheil. Auf das Kommando stehen einige der chinesischen Passagiere auf und zücken ihre Pistolen. „Hände hoch", befiehlt eine, die bis dahin Stewardess war. Die Reisenden lassen ihr Eßgeschirr fallen, heben die Arme und wissen: PiratInnen. Die meinen es ernst.

Alles geschieht sehr schnell und mit äußerster Disziplin. Überall auf dem Schiff, vom Maschinenraum bis zur Kommandobrücke, haben sich Reisende, Matrosen und andere an Bord Beschäftigte als PiratInnen entpuppt. „Halten Sie Kurs auf die Biasbucht", befehlen sie dem Steuermann. „Euch passiert nichts, wenn ihr keinen Widerstand leistet." Sie zwingen Kapitän Jastoff, seine Kajüte zu öffnen. Daß er zögert, wird ihm zum Verhängnis. Er wird erschossen. Die Passagiere werden in ihren Kabinen eingeschlossen, nachdem die PiratInnen ihnen Hab und Gut abgeknöpft haben.

Das Schiff fährt weiter, als sei nichts geschehen. Die Navigationslichter und die übrigen Schiffsbeleuchtungen sind ausgeschaltet. In vollkommener Dunkelheit steuert der Dampfer wie ein Geisterschiff auf die Biasbucht zu. Totenstill und spiegelglatt liegt das Wasser in der Bucht, umgeben von Sandhügeln, zwischen denen einige chinesische Hütten hervorschauen.

Sobald die PiratInnen den Anker des gekaperten Schiffs heruntergelassen haben, wird es am Ufer lebendig. Zahlreiche Barken werden losgebunden und steuern auf das Beuteschiff zu. Die Leute in den Booten begrüßen die PiratInnen, kommen an Bord und nehmen alles mit, was nicht niet- und nagelfest ist: Chronometer, Winkelmesser, andere technische Geräte und Einrichtungsgegenstände. Die Geiseln werden an Land gebracht. Gegen Lösegelder sollen sie freigelassen werden.

So oder so ähnlich sahen die Überfälle der PiratInnen in der ersten Hälfte des 20. Jahrhunderts aus. Es waren sorgfältig vorbereitete Aktionen, die in fast jeder Hinsicht die Strukturen eines modernen Unternehmens aufwiesen.

Hinter verschlossenen Türen wurde zunächst eine Gesellschaft gegründet, die das notwendige Kapital besorgte. Dann wurde jemand mit der Leitung des Unternehmens beauftragt; in den meisten Fällen war es eine Frau. Ihre Aufgabe bestand darin, das geeignete Opfer und die richtigen Leute für den Überfall zu finden, alle notwendigen Erkundigungen einzuziehen und Vorsorge zu treffen, daß die Beute an Geld, Waren und Gefangenen unauffällig und mit großem Gewinn verwertet werden konnte.

Wenn sie ein Opfer ausgesucht hatte, ging die Chefin mit einigen ihrer Untergebenen an Bord und erkundete das Schiff im Hinblick auf seine Räumlichkeiten, den Dienstablauf und andere Einzelheiten. Dann schmuggelten die PiratInnen sich mit ihren Waffen als Passagiere aller Klassen und ArbeiterInnen aller Kategorien an Bord, und das Unternehmen nahm seinen Lauf.

Fast alle Namen solcher Chefs, die in die Geschichte der Piraterie eingingen, sind weiblich. Immer wieder wird betont, wie schön diese Piratenführerinnen waren. Sei es die gefürchtete Ki Ming oder Pan Tschi Tschiko, die 1936 noch über einhundert Banditen verfügte. Oder Tang Tschen Tschiao, die sich zur Todfeindin des Westens erklärt hatte und den Beinamen „goldene Anmut" trug.

Huang Pemei, Anführerin von 50 000 Leuten und siebzig Schiffen, kaperte bis in die fünfziger Jahre hinein. Sie hatte den Beinamen *Two Guns*, denn sie war bekannt dafür, daß sie, wenn sie sich zum Entern an Bord eines Schiffes schwang, in jeder Hand eine Pistole hielt und beidhändig damit herumballerte. Huang Pemei hatte die Piraterie, mit der sie 1937 begann, in einen politischen Zusammenhang gestellt. Sie war Nationalistin und kämpfte zuerst gegen Japan und dann gegen die Kommunisten. Im zweiten Weltkrieg arbeitete sie mit dem amerikanischen *Secret Service* zusammen. Im Mai 1950 meldete die Nachrichtenagentur *United Press:* „Frau Huang Pemei, die berühmteste Piratin von China, ist in Formosa angekommen, nicht nur um die

Verteidigung der Insel zu übernehmen, die sie für uneinnehmbar hält, sondern auch, um die Gegenoffensive vorzubereiten und so den Nationalisten zu ermöglichen, den chinesischen Kontinent zurück- zuerobern."

Es gab auch Piratinnen, die die chinesische Revolution unterstütz- ten. Zum Beispiel Honcho Lo. Sie hatte es im Stab der Revolutions- generäle bis zum Obersten gebracht, als sie ihre vierundsechzig Dschunken mit den fünfzig Schiffen der Frau Wong vereinte. Bevor sie 1922 verschwand, vererbte sie zwölf Dschunken aus ihrer Flotte an die Piratin Lai Scho San.

LAI SCHO SAN

An Land gab sie sich mondän, trug Kleider aus weißer Seide, kostbare Ohrringe und das Haar, zu einem Knoten geschlungen, mit resedagrünen Nadeln im Nacken befestigt.

Sobald Lai Scho San ihre Dschunke betrat, streifte sie mit einer lebhaften Geste ihre Sandalen ab. An Bord bewegte sie sich immer barfuß. Bei Überfällen trug sie einen einfachen Kampfanzug. Lai Scho San hatte, im Vergleich zu ihren VorgängerInnen, eine kleine Flotte. Mit den zwölf Dschunken, die sie von der Seeräuberin Honcho Lo geerbt hatte, überfiel sie kleinere Frachter in der Umgebung ihrer Privatinsel. Von den Fischern trieb sie Schutzgelder ein. Dennoch muß die Piratin unermeßlich reich gewesen sein. Sie träumte davon, ihrem älteren Sohn einen Wolkenkratzer in Amerika zu kaufen. Der jüngere sollte Pirat und ihr Nachfolger werden.

Dies jedenfalls behauptet Aleko E. Lilius, ein Journalist aus Manila, der die Piratin eine Zeitlang auf ihren Kaperzügen begleiten durfte. Nach langen Verhandlungen hatte Lai Scho San ihm erlaubt, gegen ein Tagegeld von 43 Dollar auf ihrer Dschunke mitzufahren. Sie gab ihm einen Piratenpaß in Form eines Rings, der dafür sorgte, daß dem neugierigen Journalisten von den SeeräuberInnen kein Haar gekrümmt wurde.

Lilius, der viele Fotos von Lai Scho San gemacht hat, war fasziniert von der Piratin. „Ich hatte die ganze Zeit das Gefühl, neben einem Geheimnis zu leben", schreibt er über seinen Aufenthalt auf der Kampfdschunke.

Lai Scho San war ständig von zwei Dienerinnen umgeben. Diese überbrachten den Männern auf den Dschunken ihre Befehle. Die Kommandantin selbst sprach nie mit Männern. Den männlichen Besatzungsmitgliedern war es untersagt, ihre Kabine zu betreten, ein winziger Raum, der ausgestattet war wie ein kleiner Tempel. Er beherbergte das Bildnis einer Meeresgöttin ebenso wie die Reliquien ihres Vaters. In diesen Raum zog Lai Scho San sich zurück, ließ Weihrauchstäbchen abbrennen und meditierte stundenlang gemeinsam mit ihren beiden Dienerinnen.

Der Ahnenkult war und ist in China ein wichtiger Brauch, der auf der Vorstellung beruht, daß die Geister der verstorbenen Vorfahren die noch lebenden Mitglieder ihrer Familie beschützen. Sie spenden

Segen und erwarten dafür Opfergaben. Wurde ein Ahne von seinen Nachkommen nicht verehrt, mußte er als Hungergeist umherirren und rächte sich dafür an den Lebenden, die ihn vergessen hatten. Deshalb wurde in chinesischen Familien streng darauf geachtet, daß die Frauen ihren Männern nicht untreu wurden. Denn ein unehelich gezeugter Junge brachte den patrilinearen Familienclan in Gefahr: Er würde die „falschen" Vorfahren verehren und somit den Zorn der „rechtmäßigen" Ahnen heraufbeschwören.

Der Ahnenkult durfte nur von männlichen Familienmitgliedern gepflegt werden. Lai Scho San setzte sich über eine strenge konfuzianische Regel hinweg, indem sie als Frau die Reliquien ihres Vaters verehrte.

Ihre Geiseln schonte Lai Scho San nicht. Wenn auch nach einer zweiten Mahnung die Angehörigen kein Lösegeld blicken ließen, wurde dem Gefangenen ein Finger oder ein Ohr abgeschnitten und den Verwandten geschickt. Zahlten sie dann immer noch nicht, wurde die Geisel kurzerhand umgebracht.

Das letzte Gefecht der Lai Scho San, über das berichtet wird, war eine Schießerei mit einem japanischen Torpedogeschwader während des chinesisch-japanischen Kriegs. Der Publizist Robert de la Croix beschreibt diese ungleiche Schlacht.

„Auf der einen Seite gab es japanische Torpedoboote des modernsten Typs Shupuki, die 34 Knoten schnell waren, ausgestattet mit je 6 Kanonen, und auf der anderen Seite einfache Schiffe ähnlich denen, die seit zweihundert Jahren an der Küste zu finden waren: Dschunken und Drachenboote mit merkwürdigen Segeln. Vorne ragten sie hoch aus dem Wasser, hinten waren sie mit Öffnungen versehen, aus denen die Kanonen herausragten. Die einen können sich kaum mehr auf dem Wasser halten, die anderen sind ein bißchen neuer, von 1904, Überreste aus dem russisch-japanischen Krieg. Dann gab es deutsche Maschinengewehre von 1914, amerikanische Revolver neben englischen Gewehren von 1812. Es wurde sogar eine noch ältere Waffe gefunden. Sie stammte aus Frankreich und trug das Datum 1798. Wie war sie nach Asien gekommen? Die Piraten selbst wußten darüber nichts. Diese Piratenschiffe waren schwimmende Museen ."[6]

Der Journalist schildert, wie die Dschunken von den Torpedos auf den Grund des Meeres geschossen wurden, und schließt seinen Bericht: „Am nächsten Tag verbreitete sich die Neuigkeit in den Tavernen und Spielsälen von Makao. Es war ein großes Desaster, denn

nicht nur lag die gesamte Flotte auf dem Meeresgrund, sondern auch ihr Chef war getötet. Ihr Chef, d.h. diese Frau, deren Name nun offen ausgesprochen wurde: Lai Scho San."

Ob Lai Scho San tatsächlich bei dieser Schießerei ums Leben gekommen ist, ist umstritten. Nach anderen Quellen wurde die Piratin, die mehr als 7000 Überfälle auf dem Kerbholz hatte, 1939 von der Internationalen Wasserpolizei gefangengenommen und vom Seegericht in Shanghai zu lebenslänglicher Haft verurteilt.

Welches Mädchen hätte nicht gern eine Mutter, die mit ihren Kindern über die Weltmeere segelt? Die keine Angst hat, die gefürchteten Buchten nördlich von Manila anzusteuern und sich von einer Piratin zum Abendessen einladen zu lassen, die dann höchstpersönlich für jedes Kind eine Banane schält? In den Genuß eines solchen Ereignisses kamen die fünf Töchter der französisch-tahitischen Seglerin France Guillain, die mit ihnen auf einer Yacht durch die Welt gesegelt ist. Ihre Abenteuer hat sie in dem Buch *Les femmes d'abord* festgehalten.

Von Hongkong kommend fuhren sie zwischen Taiwan und China hindurch Richtung Süden, bis sie die kleinen wilden Buchten im Nordwesten von Luzon auf den Philippinen erreichten. In China hatte man sie gewarnt, sie sollten sich auf keinen Fall nachts in dieser Gegend aufhalten und erst recht nicht in einer der Buchten, denn dort wimmele es von Piraten. Die Seeräuber durchkreuzten in ihren doppelten Pirogen das Südchinesische Meer und versenkten alles, was ihnen in den Weg kam, hatte man ihnen erzählt.

Doch als France am späten Nachmittag vor der zerklüfteten Küste von Luzon ankam, beschloß sie, vor Anker zu gehen. Die zahlreichen Riffe schienen ihr bei Nacht gefährlicher zu sein als Piraten. Sie lenkte das Schiff in eine kleine geschützte Bucht. Von den zwei Pirogen, die am Strand lagen, ließ sie sich nicht abschrecken, denn daneben spielten Kinder. „Eine Eingeborenenfamilie", dachte sie und beeilte sich, ihr Boot fertig zu machen, um mit ihren Töchtern an Land zu gehen.

Die Gruppe am Strand bestand aus etwa dreißig Personen und war gerade dabei, das Abendessen zu bereiten. Großeltern, Eltern und Kinder saßen auf dem weißen Sand um zwei Töpfe herum. Als die Ankömmlinge sich näherten, stand ein Mann auf und begrüßte sie auf englisch. Er stellte sich und seine Frau Linda vor. Die muskulöse Frau, die kein Englisch sprach, lachte sie an und lud sie mit einer Geste ein, sich zu ihnen zu setzen. So wurden France und ihre Töchter zum Abendessen eingeladen. Linda nahm die kleineren Töchter zu sich, und France ging mit der Ältesten Holz suchen, wie es alle taten.

Kurz darauf saßen alle um das Feuer herum und aßen mit den Fingern Reis und Fisch. Inzwischen war es dunkel geworden. Die riesigen Steilfelsen ragten noch aus dem Wasser und versperrten die Sicht aufs Meer. „Ein echter Schlupfwinkel", dachte France und erinnerte sich an die amerikanischen Segler, die ihr Horrorgeschichten über die philippinischen Piraten erzählt hatten. Niemals hätten sie sich in diese Bucht getraut.

Nach dem Essen holten die Jüngeren ihre Ukulelen hervor und begannen zu spielen und zu singen. Linda eröffnete den Tanz. France, deren Mutter aus Tahiti stammte, fühlte sich wohl in dieser Gesellschaft. „Ich habe den Eindruck, in Polynesien zu sein. Sie tanzen den Tamouré, bei dem man die Worte des Liedes mit graziösen Gesten darstellt, denen der Blick aufmerksam folgt. Ich singe auf Tahitisch, und sie begleiten mich ohne irgendwelche Schwierigkeiten."[7] Sie feierten bis spät in die Nacht.

Dann wurde es ruhig in der Bucht. Die Kinder waren auf dem warmen Sand eingeschlafen, Linda besprach eine offensichtlich ernste Angelegenheit mit ihrem Mann, und France beschloß, ihre Töchter einzusammeln und sich mit ihnen aufs Schiff zurückzuziehen. Bevor sie aufbrach, bedeutete Lindas Mann ihr, er habe ihr noch etwas Wichtiges zu sagen. Er riet ihr eindringlich, nicht noch einmal allein in eine einsame Bucht wie diese zu fahren. Warum, wollte France wissen. Etwa wegen der Piraten? „Das sind wir", antwortete lächelnd der Philippine.

France staunte nicht schlecht, als der Pirat ihr das Innere der größeren Piroge zeigte: Motoren, Radios, Maschinengewehre und andere Waffen stapelten sich dort. „Die Piraten kennen kein Pardon, sie töten alle, auch Kinder", erklärte er der überraschten France.

Piraterie als Familienunternehmen gibt es also noch heute. Linda ist Piratin und Mutter. Tagsüber entert sie Schiffe, vielleicht bedient sie auch das Maschinengewehr, und abends kocht sie ihren Kindern Reis und Fisch.

France Guillain fragte sich natürlich, warum sie und ihre Töchter von dieser Piratenfamilie so herzlich aufgenommen worden waren. Vielleicht, weil sie nicht die geringste Angst hatte, vielleicht auch nur, weil die Seeräuberfamilie gerade genug erbeutet hatte. „Ich glaube, ein satter Löwe hätte mich auch nicht angegriffen", schließt sie. Ob sie der netten Piratenfamilie das eine oder andere Beutestück abgekauft hat, verrät France Guillain nicht.

ANMERKUNGEN

1 Marina Warner, *Die Kaiserin auf dem Drachenthron*, Würzburg 1974, S. 100.
2 Gudula Linck, *Frau und Familie in China*, München 1988, S. 47.
3 Vgl. Anna Gerstlacher/Margit Miosga, *China der Frauen*, München 1990, S. 44 ff.
4 Zitiert in Marina Warner, a.a.O., S. 74.
5 Ebd.
6 Zitiert nach Anne de Tourville, *Femme de la mer*, Paris 1958, S. 212, übersetzt von Hildegard Eisenmann.
7 France Guillain, *Les femmes d'abord*, Paris 1986, S. 136, übersetzt von Hildegard Eisenmann.

MITTELMEER

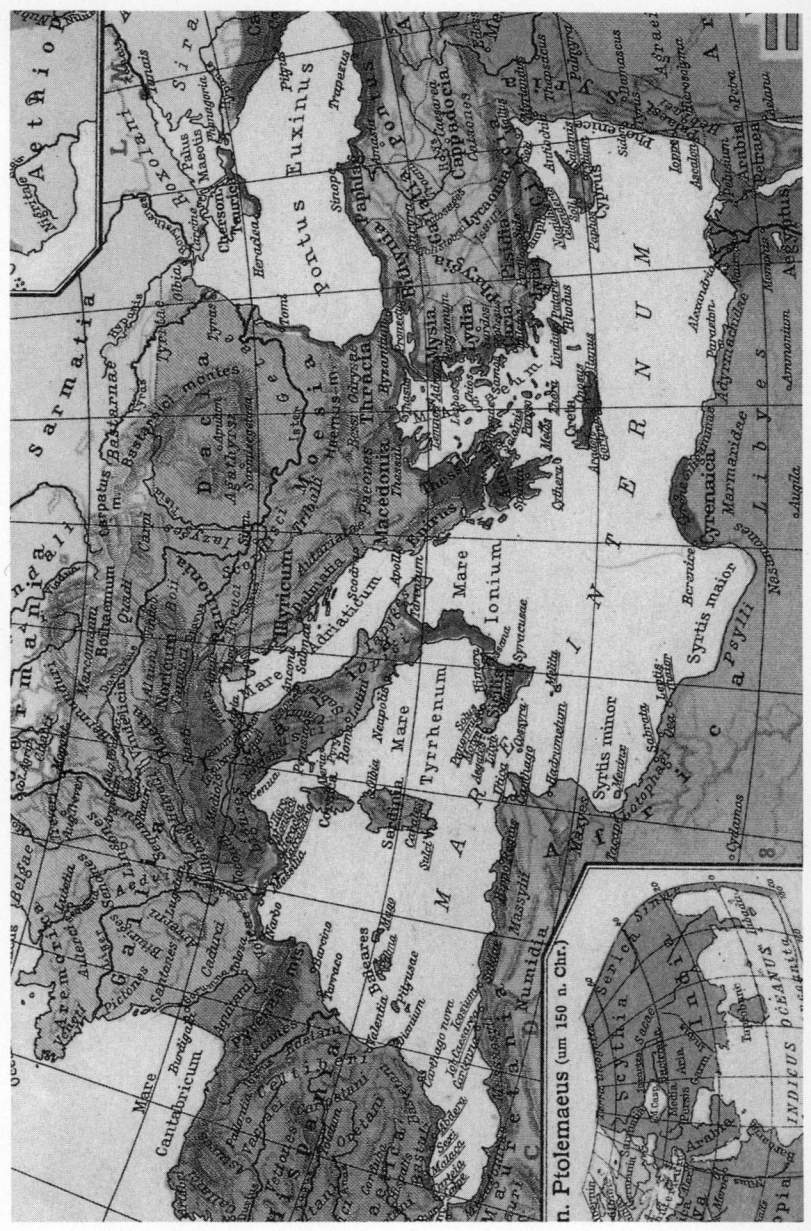

Vom Gelben Meer gelangen wir über den Indischen Ozean ins Rote Meer. Hier fand die erste historisch nachweisbare Schiffsexpedition statt: die Reise der ägyptischen Pharaonin Hatschepsut im zweiten Jahrtausend v.Chr. ins Land Punt. Ein Relief in den Säulenhallen des Tempels der Hatschepsut in Deir el Bahari bei Theben zeugt von dieser Fahrt. Ob es sich hierbei um eine friedliche Entdeckungsfahrt, einen Kriegszug oder um Piraterie handelte, ist bis heute umstritten.

Die Pharaonin war auf der Suche nach Weihrauch, den ihre PriesterInnen in den Tempeln verbrannten. Das wohlriechende Harz ließen sich die Pharaonen vor Hatschepsut aus dem Puntland von Reisenden mitbringen. Es war ebenso kostbar wie Gold, Silber und Edelsteine, die auf dieselbe Weise nach Ägypten gebracht wurden – ob auf dem See- oder Landweg, ist nicht mehr zu ermitteln. Puntland wurde das Gebiet zwischen den Amharabergen, dem Roten Meer und dem Golf von Aden genannt.

Hatschepsut dachte wirtschaftlicher als ihre Vorgänger, sie wollte nicht das Harz, sondern die Bäume, aus denen es gewonnen wurde. Sie rüstete drei Schiffe aus und machte sich auf den Weg.

Die Inschriften im Tempel beschreiben die Ladung der zurückgekehrten Schiffe: „Beladen waren die Schiffe mit den Wundern des Landes Punt. Mit allen vortrefflichen aromatischen Hölzern, mit großen Mengen Myrrhe und Harz, mit grünen Myrrhebäumen, mit Ebenholz und reinem Elfenbein, mit noch unverarbeitetem Gold des Landes Amu, mit Augenschminke und Pavianen, Affen und Jagdhunden, mit Leopardenfellen, mit Menschen und ihren Kindern."

Die Puntfahrt hatte einen wirtschaftlichen Aufschwung Ägypten zur Folge, verbunden mit einem gesellschaftlichen Umbruch und Wertewandel, der so einschneidend war, daß er mit dem Umbruch zwischen Mittelalter und Neuzeit in der europäischen Geschichte vergleichbar ist.

Im weiter nördlich gelegenen Schwarzen Meer gab es in prähistorischer Zeit ebenfalls Seefahrerinnen: die Amazonen. Zwar wird in den alten Überlieferungen bestritten, daß die Amazonen Kenntnisse in Navigation und Schiffsbau hatten; dennoch fällt auf, daß die, die seßhaft wurden, sich an Küsten und Seestraßen ansiedelten.

Herodot erzählt eine merkwürdige Geschichte über eine Schlacht zwischen Griechen und Amazonen an der Südwestküste des Schwarzen Meers:

„Nach der Schlacht am Fluß Thermodon fuhren die Hellenen mit drei Schiffen heimwärts und führten alle Amazonen mit sich, die sie hatten lebendig gefangennehmen können. Auf der Fahrt warfen sich die Amazonen über die Männer und stürzten sie ins Meer. Weil sie nun weder verstanden, mit Schiffen umzugehen, noch Steuer, Segel oder Ruder zu gebrauchen, wurden sie von Wind und Wellen umhergetrieben, bis sie endlich in den maiotischen See nach Kremnoi gelangten, im Lande der freien Skyten. Da verließen sie die Schiffe und wanderten so lange landeinwärts, bis sie in bewohntes Land kamen, raubten die erste Roßherde, die ihnen begegnete, und streiften auf Beute im Skytenland umher."

Das bedeutet: Die Amazonen müssen von der Südwestküste quer übers Meer bis zur Nordküste getrieben worden sein, was jeder Wahrscheinlichkeit entbehrt. Die Amazonen müssen sich in der Navigation und mit Wasser- und Windverhältnissen ausgekannt haben, sonst wären sie dort nie angekommen. Wie kommt es, daß eine so unwahrscheinliche Überlieferung nie hinterfragt wurde? Offensichtlich wären die streitbaren Frauen noch furchterregender gewesen, hätten sie nicht wenigstens die Angst der Männer vor dem Wasser geteilt.

Nach diesem kleinen Ausflug ins Schwarze Meer machen wir uns auf ins Mittelmeer, auf der Suche nach Elissa, der ersten Piratin der Seefahrtsgeschichte.

ELISSA – EINE PIRATIN GRÜNDET KARTHAGO

Elissa ist keine andere als die von Vergil, Cato, Naevinus, Ovid und anderen bedichtete Dido, die sich nach deren Phantasien in die Flammen eines Scheiterhaufens gestürzt haben soll. Freiwillig soll sie sich getötet haben, aus Liebeskummer um den Trojaner Äneas. Allerdings legte Äneas erst siebzig Jahre, nachdem Elissa Karthago gegründet hatte, dort an. Demnach müßte Elissa schätzungsweise hundert Jahre alt gewesen sein, als sie aus Liebeskummer in den Scheiterhaufen sprang.

Sich selbst zu töten aus Kummer über eine zurückgewiesene Liebe oder über einen getöteten Gatten – das entsprach ganz dem römischen Frauenideal. Gleichzeitig diente diese Geschichte als Begründung für den Mythos der römisch-punischen Erbfeindschaft. Aber auch das ist an den Haaren herbeigezogen, denn zu dieser Feindschaft kam es erst im Jahr 265 v.Chr. durch den Streit zwischen Karthago und Rom um die Vorherrschaft über Messina im ersten Punischen Krieg. Die Gründung Karthagos wird auf das 9. Jahrhundert v.Chr. datiert.

Eine andere Version erzählt, Elissa sei zusammen mit ihrem Schiff verbrannt, das von dem afrikanischen König Hiarbas angezündet wurde, damit sie ihm nicht entfliehen und er sie zur Heirat zwingen konnte.

Wie auch immer Elissa starb, ob durch Selbstmord, Mord oder eines natürlichen Todes, soll uns nicht weiter beschäftigen. Berichten wir lieber von ihrem Leben.

Elissa, die älteste Tochter des tyrischen Königs Mutto, entstammte dem Geschlecht der Ithoba'al. Sie war mit einem Priester namens Sicharbas verheiratet, den sein Amt nicht hinderte, Pirat zu sein. Elissa war am Seeraub tatkräftig beteiligt; sie führte eigene Raubzüge, den Ertrag ihrer Beute warfen die beiden aber zusammen. Piraterie war kein unehrenhaftes Gewerbe für die PhönizierInnen, denn sie waren ein Seevolk, das auf keine Agrarwirtschaft zurückgreifen konnte.

Elissa hatte als Erstgeborene Anspruch auf den Thron, doch ihr Bruder Pygmalion wollte ihn ihr streitig machen. Er versuchte, befreundete Volksstämme gegen sie aufzuwiegeln. Um sich die Schätze des ertragreichen Piraterieunternehmens unter den Nagel zu reißen, tötete Pygmalion seinen Schwager Sicharbas. Doch der Mord war vergebens. Die gemeinsame Habe befand sich in Elissas Händen. Sie hatte nämlich die Ermordung Sicharbas geträumt, konnte den Mord aber nicht verhindern, weil sie sich gerade auf hoher See befand. Deshalb warnte sie Sicharbas auf telepathischem Wege und empfahl ihm, die geraubten Goldsäcke und Edelsteine an einen sicheren Ort zu bringen, an dem nur sie sie wiederfinden konnte.

Wieder an Land, fand Elissa den Schatz am vereinbarten Ort, aber auch den toten Sicharbas, in den elterlichen Hallen aufgebahrt. Von jüdischen Traumdeuterinnen ließ sie sich ihren Traum in allen Einzelheiten auslegen. Die erklärten ihr, daß sie den Tod Sicharbas deshalb nicht hatte verhindern können, weil sie ihn unbewußt selbst wünschte und weil sie künftig unabhängig sein müßte. Sie prophezeihten Elissa, daß ihr Bruder auch ihr nach dem Leben trachte und in Tyros, der Hauptstadt Phöniziens, eine Tyrannenherrschaft errichten werde.

Elissa erschrak, nicht so sehr wegen der Morddrohung, sondern über das bevorstehende Schicksal ihres Landes. Sie hatte vor, ein Doppelkönigtum einzuführen, wie es früher Tradition gewesen war.

Die Traumdeuterinnen schüttelten verständnislos die Köpfe und erklärten das Vorhaben der Königin für unsinnig. Die Göttinnen und Götter, sagten sie, erwarteten von Elissa die Gründung eines neuen phönizischen Staates an einem anderen Ort, denn Tyros stünden große Katastrophen bevor. Elissa folgte dieser Weisung und rüstete zehn Schiffe aus. Ihre Schwester Anna, viele Priester, Senatoren und Kaufleute folgten ihr auf die Schiffe.

Elissas Fahrt über das Mittelmeer war keine Irrfahrt wie die des Äneas, denn sie hatte ein Ziel. Vor ihrer Abreise hatte die afrikanische Göttin Tanit ihr durch ihre Priester den Rat gegeben, auf einer bestimmten Halbinsel im Westen, auf der sie bei ihrer Ankunft einen Pferdeschädel finden würde, eine Stadt zu gründen. So entstand nordöstlich des heutigen Tunis Quart Hadaschit, die „neue Stadt", die als Karthago in die Geschichte einging.

Von einer Irrfahrt kann auch deswegen nicht die Rede sein, weil die PhönizierInnen die Meere bis weit auf den Atlantik hinaus bereits bestens kannten. Sie hatten die Kanarischen Inseln umsegelt, Madeira, die Azoren und die Scilly-Inseln. Es ist also nicht verwunderlich, daß die PhönizierInnen, die aus dem zum Tyrannenstaat gewordenen Tyros flohen, die neue Stadt an der libyschen Küste auf Anhieb fanden.

Sieben Jahre dauerte Elissas Reise von der phönizischen zur libyschen Küste. Was sie unterwegs erlebte, läßt sich anhand weniger archäologischer Funde und zahlreicher Legenden rekonstruieren.

Die erste Station war Zypern. In der Geschichtsschreibung wird behauptet, Elissa habe hier Jungfrauen geraubt, mal ist von siebenundzwanzig die Rede, mal von neunzig. Um einen Raub hat es sich offensichtlich nicht gehandelt, eher um einen diplomatischen Akt von seiten Zyperns. Die ZypriotInnen waren durch Intrigen Pygmalions eingeschüchtert und fürchteten einen Überfall Elissas. Sie befürchteten auch, sich die Feindschaft mit Tyros einzuhandeln, wenn sie Elissa freundlich empfingen. Regelrecht abweisen wollten sie sie aber auch nicht, weil ihnen die Absicht Elissas, einen neuen Staat zu gründen, inzwischen zu Ohren gekommen war.

Deshalb schickten sie eine diplomatische Delegation zu den phönizischen Schiffen, die mit besonderer Beflissenheit freundliche Ratschläge erteilte über die weitere Route. Im Zuge dieser Verhandlungen kamen auch die siebenundzwanzig bzw. neunzig Jungfrauen an Bord. Dabei handelt es sich um symbolische Zahlen: 3 mal 9 als die potenzierte heilige Trinität und magische Zahl, 90 als Anspielung auf die neunzig karthagischen Geschlechter, die ihre Herkunft auf eine Jungfrau als Stammutter zurückführten. Das matrilineare Familienrecht lag noch nicht allzulange zurück. Die syrische Herrscherin Zenobia, die um 270 v.Chr. gegen die Römer kämpfte, war immer noch stolz, ihr Geschlecht von einer dieser Stammütter herleiten zu können, und erschien bei öffentlichen Anlässen in der Tracht Elissas.

Von Zypern aus hatte Elissa eine lange Überfahrt bis nach Sabrata, einer Stadt in der Nähe des heutigen Tripolis. Unterwegs wurde natürlich gekapert, denn so lange reichten die Vorräte nicht, zumal sich der fahrende Staat um einige Bürgerinnen vermehrt hatte. Die Schiffe waren Galeeren mit Segel. Bei günstigem Wind hatten die Ruderer Pause, nur bei Windstille mußten sie sich in die Riemen legen. Auch beim Kapern fielen die Segel, damit die Ruderer beim Rammen des Beuteschiffs nicht vom Wind gehemmt wurden. Wie viele Schiffe Elissa während ihrer Fahrt von etwa 1000 bis 1200 Seemeilen überfallen hat, ist nirgends belegt. Ihre Vorratskammern jedenfalls waren voll, als sie in Sabrata anlegte.

Die Menschen, die hier wohnten, empfingen Elissa und ihre Begleitung freundlich. Die Verständigung funktionierte leidlich. Doch als Elissa die BewohnerInnen von Sabrata fragte, wer ihre Königin oder ihr König sei, verstanden sie diese Frage nicht. Es gab in ihrer Sprache keine Wörter dafür. Den Gedanken, von einer Person regiert zu werden, kannten die Leute von Sabrata nicht.

Sie luden die Neuankömmlinge zu einer Zeremonie ein, die sie „die Nacht der Vergänglichkeit" nannten. Die SabraterInnen lebten in einer Mondkultur, sie rechneten auch die Zeit nach dem Mond. Ihr Jahr zählte dreizehn Monate mit achtundzwanzig Tagen und Nächten. Dazu kam eine Nacht, eben die Nacht der Vergänglichkeit. In dieser Nacht wurden die Gesetze geändert, die sich im vergangenen Jahr nicht bewährt hatten, Verlust und Ungerechtigkeiten beklagt, die dadurch zustandegekommen waren. Gelobt und gepriesen wurde, was sich bewährt hatte und beibehalten werden sollte.

Die Zeremonie entsprach der typischen Tradition einer Todesnacht in einer Mondkultur, in der sich ein Staat wandelt. Die Regierung tritt ab oder wird umgebracht. Da es in Sabrata keine Herrschenden gab, mußten sie für diese eine Nacht künstlich geschaffen werden.

Bei Ebbe und zunehmendem Mond gingen eine gleiche Anzahl von Frauen und Männern an den Strand. Mit einer einfachen weißen Tunika bekleidet, ohne Waffen und Schmuck liefen sie händeklatschend zum Wasser. Ausrufer wurden ausgelost, deren Aufgabe es war, die guten und schlechten Ereignisse des vergangenen Jahres zu verkünden. Das durften nur Männer, weil Frauen kein Gedächtnis haben durften – ein Hinweis darauf, daß die Kultur in Sabrata keine Frauenkultur gewesen sein kann. Denn sich nicht erinnern dürfen bedeutet, die eigene Geschichte und Identität nicht mehr wahrnehmen zu dürfen.

Wenn die Ausrufer ihre Geschichten beendet hatten, begannen die Frauen, aus Algen und Sand zwei riesige Statuen zu formen, etwa in doppelter menschlicher Größe. Danach kamen die Männer und versahen die Statuen mit Mund, Nase, Ohren und Augen. Dann bildeten die Frauen und die Männer Kreise um die Monster, stimmten eine Litanei von Beschimpfungen und Belobigungen an und forderten neue Gesetze. Anschließend wurden Konflikte mit dem Nachbarvolk vorgetragen und über Fragen wie z.B. den Bau eines neuen Tempels gesprochen.

Sobald sich die Sonne wieder über Strand und Dünen erhob, stieg die Flut, die Wellen verschlangen die Statuen. Für die Zeit einer Ebbe hatte das Paar aus Sand und Algen über Sabrata regiert. Für eine Nacht waren sie Herrscher, Gesetzgeber, Richter, Prügelknabe und

Zielscheibe für den Zorn der SabraterInnen. Der Ablauf dieser Nacht war keineswegs spontan, sondern ein festgelegtes und durchdachtes Ritual, das als Rahmen für Gesetzesänderungen und für die Regelung von Streitfällen diente.

Die Sonne verkündete den sogenannten „Todestag". Unter Heulen und Schluchzen wurden die Überreste des Herrscherpaares aus Algen und Sand begraben. Die Ausrufer verkündeten, daß König und Königin bis zum nächsten Jahr begraben waren. Das Volk hatte neue Gesetze bekommen, ohne einen Monarchen erdulden zu müssen. Vielleicht war es dieses Schauspiel, das Elissa veranlaßte, sich für ihren geplanten Staat eine alternative Regierungsform auszudenken.

Die SabraterInnen lebten in einer Agrarwirtschaft. Sie boten Elissa und ihrer Crew an, sie Ackerbau und Viehzucht zu lehren, wenn sie ihnen im Austausch dafür die Geheimnisse von Schiffsbau und Seestraßen verrieten. Die phönizische Königin war nicht bereit, ihre GastgeberInnen die Navigation zu lehren, ihnen die Routen zwischen Tyros und Utica zu verraten oder den sichersten Korridor nach Hadrumentum. Diese Kenntnisse sicherten schließlich ihren Lebensunterhalt. Die Seefahrt war ihr Erbe und die Piraterie ihr Beruf, als Tochter eines Seevolks verdankte sie diesem Wissen ihre Existenz und achtete es als Volksgeheimnis, als Fundament ihrer Macht und des Wohlstands der PhönizierInnen. Den Schiffsbau hingegen versprach sie zu lehren, das Zuschneiden von Rudern und die Herstellung von Pech, das Schiff und Ruder vor Wasser schützte.

Die Unterrichtung der PhönizierInnen in Ackerbau und Viehzucht wurde ein Reinfall. Die Seeleute tätschelten zärtlich die Stiere und fragten, wieviel Milch diese Kühe gäben. Sie turnten in Oliven- und Feigenbäumen, fielen herunter und verletzten sich dauernd bei der Feldarbeit. Bei den SabraterInnen lösten sie mit ihrer Tolpatschigkeit mitleidige Sympathie aus, ähnlich wie bei den Seeleuten ein Albatros, der sich auf die Schiffsbrücke verirrt hat. Die PhönizierInnen lernten es einfach nicht, einen Zusammenhang zwischen der lehmigen Erde und den Früchten herzustellen. Es schien unmöglich, ein seefahrendes Volk, dessen Elemente Wasser und Wind sind, an die Erde zu gewöhnen.

Darauf versuchten die SabraterInnen es mit der Theorie. Sie schrieben auf, welchen Nutzen die Landwirtschaft bringen kann, und nannten ihr Werk „Theorie des Glücks". Die PhönizierInnen verteilten die Blätter untereinander und lasen sie wie ein poetisches Werk. Die Herstellung von Wein kannten sie bereits aus ihrer Heimat. Sie wußten aber nicht, daß die Reben beschnitten werden mußten. Die übrigen Anbaumethoden und die Verwendung der Nahrungsmittel auch zu medizinischen Zwecken waren für sie eher belustigend. Sie kannten als Heilmittel Krakentinte, Lebertran, Walrat, Meersalz und getrocknete Algen. Die SabraterInnen heilten mit Zwiebeln, Knoblauch, Olivenöl, Getreide, Rosinen, Dickmilch, Disteln, Feigen, Kümmel, Schlammbädern, Eibenrinde und Pfeffer. Die SeefahrerInnen konnten das Traktat nicht ernstnehmen. Sie amüsierten sich über das naive Werk und seine bäuerliche Sprache.

Umgekehrt war es ebenso schwierig, dem Landvolk von Sabrata das Meer näherzubringen. Elissa hatte beschlossen, den SabraterInnen wenigstens die Grundlagen der Navigation beizubringen. Sie hatte sie inzwischen liebgewonnen und war sicher, daß sie bei ihnen weder List noch Verrat befürchten mußte. Sie nahm also einige SabraterInnen mit an Bord eines ihrer Schiffe, um ihnen die Regeln der Küstenschiffahrt beizubringen. Doch die Landleute entwickelten eine solche Angst vor dem Meer und der Seekrankheit, daß es nicht möglich war abzulegen.

Nachdem die Versuche eines See- und eines Landvolks, sich näherzukommen, kläglich gescheitert waren, verabschiedeten sie sich voneinander in gegenseitigem Unverständnis, aber herzlich und respektvoll.

Die SabraterInnen verabschiedeten sich von Elissa mit den Worten: „Es ist gut, daß Land und Meer einander durchdringen und sich nicht teilen. Schaut die Gezeiten an, sind sie nicht wie Bindeglieder zwischen uns? Sind es nicht die Gezeiten, aus denen unsere Götter und unsere Herrscher kommen? Wir sollten keinen Streit suchen. Es ist gut, daß Land und Meer sich umarmen, ohne einander zu erwürgen."[1]

Elissa sammelte die Blätter der „Theorie des Glücks" wieder ein, ließ sie in Leder binden und legte das Werk zu ihren Gebetsbüchern. Mit günstigem Wind verließen Elissa und ihre Gefolgschaft die grüne Küste des Bauernstaates und steuerten auf das weiter westlich gelegene Hadrumentum zu.

Der Hafen von Hadrumentum war karg, verglichen mit den satten Weiden und Feldern von Sabrata. Ärmlich und düster, von rohen Mauern umgeben, wirkte die Anlage wie eine provisorisch errichtete Stadt. Die Häuser waren schmucklos, die Menschen zurückhaltend und ängstlich. Elissa versuchte, mit ihnen ins Gespräch zu kommen, doch das Mißtrauen dieser Leute machte eine Kommunikation fast unmöglich. Es war unbegründet, denn Elissa hatte keine bösen Absichten. Landüberfälle, die in anderen Seeraubkulturen ganz einfach dazugehörten, entsprachen nicht der phönizischen Tradition. Für den Kampf an Land kannten die PhönizierInnen weder Waffen noch Strategien; sie hielten so etwas auch nicht für notwendig, denn sie glaubten, die Lieblinge der Götter zu sein und keine Feinde fürchten zu müssen. Um Lebensmittel mußte die Phönizierin glücklicherweise nicht feilschen, weil sie an der libyschen Küste zahlreiche Handelsschiffe aufgebracht hatte, deren Ladungen ihren Bedarf bei weitem deckten.

An der Stadt Hadrumentum interessierten Elissa die Sitten und Bräuche der Menschen und ihre Staatsform, denn sie wollte Erfahrungen und Eindrücke sammeln, die ihr für die Gründung ihrer neuen Stadt nutzen konnten. Die wehrhafte Befestigung der Stadt Hadrumentum, erfuhr sie, war als Schutz vor Leuten wie sie gebaut worden, vor seefahrenden Völkern, vor PiratInnen. Die Architektur der Stadt gab keinen Blick frei aufs Meer, ihre dicken Festungsmauern hatten keine Öffnung. Für die BewohnerInnen von Hadrumentum kam alles Unglück vom Ozean, von den Schiffen, den Unwettern, den Flüchen des Meeres. Der Segen kam aus den Olivenhainen und Obstgärten. Deshalb war die Stadt vom Meer aus unzugänglich und dem Land zu offen.

Die BewohnerInnen von Hadrumentum bereiteten Elissa nicht gerade einen freundlichen Empfang. Sie bewarfen die Fremden mit Steinen und Dreck. Elissa war für sie nicht die angesehene Regentin eines wandernden Staates, sondern eine gefährliche Königin des Meeres, wild und doppelzüngig wie die Seeungeheuer.

Für Elissa war der Gedanke absurd, sich vor dem Meer schützen zu wollen. „War das Meer nicht die Wiege der Welt?" fragte sie voller Verwunderung. „Und schützt man sich denn vor seiner eigenen Wiege? Das Meer ist in uns, es ist wie wir: leidenschaftlich und geheimnisvoll, feierlich und aufgewühlt, weit vom Himmel entfernt und eins mit ihm..."[2]

In Hadrumentum konnte Elissa zunächst also nichts finden, das ihr für ihre geplante Stadtgründung nützlich erschien. Von der Häßlichkeit der Stadt, die sich in der Architektur genauso zeigte wie im ablehnenden Verhalten der Bevölkerung, war sie ebenso fasziniert wie von der Schönheit Sabratas mit seinen freundlichen Anlagen und den aufgeschlossenen Menschen.

Auf den phönizischen Schiffen machte sich Verärgerung über das feindselige Verhalten der BewohnerInnen von Hadrumentum breit. Die Männer aus Elissas Crew wollten die Stadt überfallen, obwohl das doch den Gepflogenheiten der PhönizierInnen widersprach. Elissa konnte sie nicht mehr besänftigen, deshalb vertröstete sie sie. Sie versprach den Männern, sie werde, sobald die Stadt Quart Hadashit gegründet sei, eine Wehrmacht aufbauen und gegen Hadrumentum Krieg führen. Die phönizischen Männer waren begeistert, kramten ein altes Kriegslied hervor, das sie assyrischen Soldaten abgelauscht hatten, und übten es ein. Die Priester schwangen salbungsvolle Reden über die Notwendigkeit, Häßlichkeit zu bestrafen.

Die Frauen an Bord waren empört über die unsinnige Kriegseuphorie. Sie wollten diskutieren und zeigten Verständnis für die Angst der HadrumenterInnen vor der See und den Seefahrenden. Sie plädierten dafür, den Ort so schnell wie möglich zu verlassen und seine EinwohnerInnen nicht länger zu belästigen. Elissa teilte diese Meinung. Sie hoffte, daß beim Aufbau des neuen Staates die Kriegseuphorie gegen Hadrumentum vergehen würde.

Eines aber hatte sie die Stadt Hadrumentum gelehrt: Ein seßhaftes Volk, das Feinde hatte, konnte nicht überleben, ohne sich zu wehren. Es konnte nicht wie ein Seevolk die Flucht ergreifen, sondern mußte sich dem Kampf stellen. Ein hoher Preis für die Seßhaftigkeit. Daß Phönizien Feinde hatte, wußte Elissa. „Es gibt viele Völker, die die Phönizier hassen", dachte sie. „Auf hoher See bemerkt man das nicht."

Hadrumentum war Elissas letzte Station vor dem Ort, an dem sie ihren neuen Staat gründen wollte. Wieder auf See, schob eine leichte Südbrise – als sei sie die weisende Handbewegung der Tanit – Elissas Schiffe nach Utica. Sie umruderten eine Landzunge mit einem Hügel, der mit duftenden Orangen-, Zitronen- und Feigenbäumen bewachsen war. Dahinter befand sich eine felsige Küste, die den Gestaden Phöniziens ähnelte. Die Luft war feucht und warm, doch der kühle Nordwestwind machte sie erträglich. Elissa war am Ziel. Hier war die Stelle, an der Quart Hadashit gegründet werden sollte.

Elissa ging an Land und erkundete die Gegend. Sie freute sich über den üppigen Wildwuchs von Pinien, Eichen, Obstbäumen, Hibiskus und Ginster. Die Königin ließ nach dem Pferdeschädel graben, der sich nach der göttlichen Prophezeihung hier befinden sollte. Die

Ruderer fanden jedoch lediglich einen vermoderten Rinderschädel. Elissa war verwirrt. Nachdem sie noch einmal die Karte studiert und sich überzeugt hatte, daß die Stelle richtig sein mußte, brachten die Jungfrauen den Pferdeschädel. Gleichzeitig hatten die Priester errechnet, daß Elissas Bruder Pygmalion auf den Tag genau seit sieben Jahren an der Macht war. Jetzt zweifelte Elissa nicht mehr an der Richtigkeit des Ortes. Dennoch war sie verunsichert. Warum war es so schwierig gewesen, das Zeichen der Göttin zu finden? Der Rinderschädel schien auf kommende Schwierigkeiten hinzudeuten.

Das Land war offensichtlich unbewohnt. Selbst nach Wochen hatten die Ankömmlinge noch keinen Menschen gesehen. Als Elissa aber landeinwärts wanderte, stellte sie fest, daß das Hinterland bewohnt war. Hier wuchsen Palmen und Ölbäume, weite Felder mit Korn und Hirse durchzogen die Landschaft. Offensichtlich fühlten sich auch hier die EinwohnerInnen vom Meer nicht angesprochen.

Es stellte sich heraus, daß die Menschen, die hier lebten, von einem Häuptling namens Hiarbas angeführt wurden. Er erklärte sich bereit, mit Elissa zu verhandeln. Sie wollte das unbewohnte Küstenland kaufen, um dort ihre neue Stadt zu bauen. Elissa wunderte sich nicht mehr, daß der Häuptling sich weigerte, mit ihr am Ufer zu verhandeln, die Angst der Afrikaner vor dem Meer war ihr inzwischen vertraut. Sie bestieg mit Hiarbas einen Hügel im Landesinneren. Während der Unterredung erfuhr sie einen weiteren Grund für die Angst dieses Stammes vor dem Meeresufer. Hiarbas berichtete, daß das Land und die Küste, die sie kaufen wollte, einst bewohnt waren. Die EinwohnerInnen wurden von Seefahrern geraubt. Seither galt das Ufer als verflucht, niemand wagte sich mehr dorthin.

Elissa zeigte dem Häuptling ihre Schätze und bot ihm eine beträchtliche Summe für das Land. Hiarbas nahm sie an, gab ihr jedoch kein Land, sondern statt dessen ein Kalbsfell. Mit dieser Geste wollte er ihr bedeuten: Dies ist dein Land, und das ist neben mir. Er wollte Elissa zur Frau haben. Auf diesen Deal ließ sich Elissa nicht ein. Sie interpretierte die Geste des Häuptlings auf ihre Art: Sie nahm das Fell, ließ es in bindfadendünne Streifen schneiden und umspannte damit ein Gebiet, das groß genug war, um darauf die Burg von Karthago zu bauen. Die Burg erhielt den Namen „Byrsa", das Kalbsfell.

Karthago wurde eine Republik, mit zwei Suffetten (Consuln), einem Rat der Dreihundert und einem Gerichtshof. Der Staat mit seiner Gewaltenteilung war organisiert wie das spätere Rom und war ihm vielleicht Vorbild. 240 000 Soldaten, 4000 Pferde und 300 Elefanten sorgten für die Wehrhaftigkeit des Stadtstaats.

Von Elissa fehlt jede weitere Spur. Eine afrikanische Münze aus ihrer Zeit mit ihrem Abbild und der Bezeichnung „Dido", die Unbeugsame, erinnert an die Piratin und Stadtgründerin. In den Überlieferungen der Ur- und Frühgeschichte taucht sie noch einmal in Verschmelzung mit der Göttin Tanit auf. Vielleicht ist sie nach der Stadtgründung auf ihr Piratinnenschiff zurückgekehrt.

Auch wir gehen wieder an Bord und nehmen Kurs auf das ägäische Meer. An Malta vorbei segeln wir an der Peleponnes entlang auf das Inselmeer zu, das der karischen Küste vorgelagert ist. Wir nähern uns den Inseln Kos und Nysyros, die schon zum Herrschaftsgebiet der Artemisia gehören, der Königin von Halikarnassos. Wir befinden uns in den siebziger Jahren des 5. Jahrhunderts v.Chr.

ARTEMISIA – PIRATERIE ZUR ZEIT DER PERSERKRIEGE

Auf dem felsigen Vorsprung einer Steilküste sitzt eine etwa fünfzig-
jährige Frau in der Abendsonne und flicht einen Weidenkorb. Ab und
zu hält sie inne und blinzelt in das goldene Licht, das die sanft rol-
lenden Wellen glitzern läßt. Ein verschmitztes und wissendes Lächeln
erhellt das markante Gesicht mit seiner von Salz und Sonne gegerb-
ten Haut. Zu ihren Füßen sitzt ein kleiner Junge. Er hat eine Bucht
in den Sand gegraben und spielt mit zwei selbstgeschnitzten Trieren.
Die Vorbilder dieses Spielzeugs waren längliche, sichelförmige Schiffe
mit Ruder und Segel, die an einer Seite eine metallene Rammvorrich-
tung hatten. Seit fünfzig Jahren wurden diese Schiffe für den Seekampf gebaut.

Der Junge spielt Seekrieg. „Großmutter", ruft er plötzlich, „erzähl
mir noch einmal, wie du in der Schlacht von Salamis kommandiert
hast."

Artemisia, die Königin von Halikarnassos, Kos und Nysyros, schaut
von ihrem Weidenkorb auf. Kaum zwanzig Jahre ist es her, daß sie
als weise und energische Regentin Admiralkönigin in der persischen
Flotte war. Sie mußte an den persischen Schlachten teilnehmen, weil
ihr Land einst von den Persern unterworfen worden war. Großkönig
Xerxes, ein größenwahnsinniger Tyrann, vertraute ihr blind, denn er
hielt sie für eine treue Bundesgenossin. Artemisia verabscheute den
persischen Imperialismus, war aber diplomatisch genug, ihre Meinung
zu verbergen. Hätte sie sie offen geäußert, hätte das ihren sicheren
Tod bedeutet. Deshalb zog sie es vor, die Politik des machtbeses-
senen Großkönigs mit List zu unterwandern.

Artemisia war nicht nur Königin, sie war auch Piratin. Sie befehligte die berühmteste Seeräuberflotte des Mittelmeeres und galt als
brillante Strategin und mutige Kämpferin.

Piraterie war im alten Griechenland ein ehrenhaftes Gewerbe. Seeraub
wurde als Handwerk angesehen, und PiratInnen galten als durchaus
rechtschaffene Leute. Das bestätigen nicht nur Homer, sondern auch
die „Seerechte" aus mykenischer Zeit und ein attisches „Vereinsge-
setz", nach dem neben anderen Vereinigungen auch den PiratInnen
Schutz ihrer genossenschaftlichen Abmachungen gewährt wurde. Die
PiratInnen an der karischen Küste hatten zum Beispiel die Abma-

chung getroffen, den zehnten Teil ihres Erwerbs Hera zu weihen, die immer noch die Göttin der Winde war. Wenn auch Zeus behauptete, er hätte die Winde Äolus übergeben, der sie nur auf seine Anweisung hin verschicken durfte, erbaten sich die PiratInnen dennoch die Winde von Hera und fuhren sehr gut damit.

Der Großkönig Xerxes herrschte über ein Gebiet, das vom Indus im Osten bis nach Ägypten im Süden, dem Kaukasus und dem Aral-See im Norden und Kleinasien, Thrakien und Makedonien im Westen reichte. Als König der Könige hielt er sämtliche Länder mit brutaler Gewalt unter seiner Herrschaft, die er für göttliche Vorsehung hielt. Nur die Griechen mit ihrer Freiheitsliebe und ihrem Widerstand gegen seine angeblich gottgewollte Vorherrschaft bereiteten ihm Kopfschmerzen.

Ihren Aufstand 490 v.Chr. hatte Xerxes zwar niederschlagen können, aber ihr gotteslästerliches Verhalten gegenüber persischen Schiffen, wie er die griechischen Kaperzüge nannte, war nicht zu bändigen. Gleich um die Ecke, an der karischen Küste, befehligte auch Artemisia ihre tatkräftige PiratInnenflotte. Aber der König der Könige hätte niemals geglaubt, daß Artemisia seine Schiffe überfiel. Wissende behielten es für sich, denn sie fürchteten wohl, wegen Verleumdung ans Kreuz geschlagen zu werden, wenn sie ihm das berichtet hätten. Die lykischen und karischen PiratInnenschiffe, die unter dem Kommando der Artemisia segelten, gehörten eigentlich zur großköniglichen Flotte des Xerxes, durchkreuzten aber in ganzen Geschwadern das Mittelmeer und setzten ihre alte Tradition meisterhafter Piraterie-züge fort. Artemisia sorgte dafür, daß diese Fähigkeiten nicht verlorengingen, und überfiel auch die Schiffe der Verbündeten des Großkönigs.

Xerxes wollte Griechenland erobern, doch zwei Hindernisse lagen seinem Plan im Weg: zum einen die Meerenge Hellespont, die Asien von Europa trennt, und zum anderen der Berg Athos, an dessen Klippen regelmäßig die persischen Schiffe zerschellten. Der größenwahnsinnige Xerxes sah dies als eine Herausforderung der Götter an; er glaubte, er solle sich mit ihnen messen. Deshalb setzte er alles daran, diese natürlichen Hindernisse mit Gewalt zu überwinden. Der persische König beschloß, eine Schiffsbrücke über den Hellespont zu schlagen. Und den Berg Athos wollte er durchbohren lassen, damit seine Flotte hindurchfahren konnte und nicht länger den tückischen Stürmen beim Umrunden des Berges ausgeliefert waren.

Der Berg Athos ist ein Vorgebirge, das wie ein riesiges steinernes Schiff ins Meer ragt. Xerxes rückte mit seinen Leuten an und ließ dem heiligen Berg einen Brief vorlesen, dessen Inhalt lautete: „Göttlicher Athos, der du deine Gipfel in die Wolken reckst, fordere mich, Xerxes, Beherrscher des Erdkreises, nicht länger heraus! ... Einmal hast du eine persische Flotte vernichtet, deshalb werde ich dich zur Strafe durchbohren lassen. Ertrage deine Strafe in Geduld, denn wenn du es nicht tust, werde ich dich abtragen und als Schutt ins Meer werfen lassen.!"[3]

Sicherheitshalber ließ Xerxes den Brief in den Berg einmeißeln, vermutlich damit Athos später nicht behaupten konnte, er hätte ihn nicht erhalten.

Viele Sklaven wurden aus den eroberten Gebieten geholt und mußten, von den Peitschen der Baumeister angetrieben, den Berg Athos spalten. Die Arbeit war mörderisch, viele ließen dabei ihr Leben. Gleichzeitig bastelten andere Untertanen des Großkönigs an der Schiffsbrücke über den Hellespont. Zwischen Abydos und Sestos war die Meeresenge sehr schmal. Hier verankerten sie Schiffe und verbanden sie mit Tauen.

Als die Schiffsbrücke fast fertig war, es fehlte nur noch das Mittelstück, brach ein gewaltiger Sturm los. Er zerriß die Taue aus Byblast und Flachs und schleuderte die Schiffe gegen die Felsen, bis sie im tobenden Meer versanken. Das konnte Xerxes nicht auf sich sitzen lassen. Er beschloß, das Meer zu bestrafen.

Ähnlich wie beim Berg Athos schickte Xerxes einen Herold und eine Abordnung von Henkern an den Strand von Abydos, die das Urteil des Königs der Könige verkündeten: „Du bitteres Wasser, diese Züchtigung verhängt dein Herr über dich, weil du dich gegen ihn vergangen hast, obwohl er dir nichts angetan hatte. Und Xerxes, unser König wird über dich hinschreiten, ob du willst oder nicht. Die Menschen aber tun recht, daß sie dir nicht opfern, denn du bist ein Strom voll Schmutz und Salz."[4]

Die Henker zählten dreihundert Geißelhiebe mit eisernen Ketten und brandmarkten das Wasser mit glühenden Eisen. Die Soldaten und Baumeister, die der Bestrafung als Zeugen beiwohnen mußten, brachen in Gelächter aus. Das kostete sie das Leben, denn Xerxes verstand keinen Spaß. Er ließ ihnen die Köpfe abschlagen. Für die Fertigstellung der Brücke wurden neue Baumeister herbeizitiert. Xerxes hätte auch den Wind gern bestraft, doch den bekam er nicht zu fassen.

Die Aktionen des Xerxes sind ein anschauliches Beispiel für die verhängnisvolle Zerstörungswut, den unsinnigen Machbarkeitswahn patriarchaler Helden und für den Zusammenhang zwischen Krieg und Naturzerstörung. Nachdem der Berg Athos gespalten und die Schiffsbrücke vollendet waren, konnte Xerxes mit seinen Truppen in Griechenland einfallen.

Nun begann das wegen seiner Blutrünstigkeit bekannt gewordene Gemetzel bei den Thermopylen, das als Beispiel für die Sinnlosigkeit von Krieg in die Geschichte eingegangen ist. Nur durch den Verrat des Ephialtes konnten die Perser das Land schließlich überrollen.

Beim Kap Artemision waren die persischen Flotten weniger erfolgreich. Sie lagen mit 1230 Trieren 288 griechischen Trieren gegenüber. Die Perser manövrierten ihre großen, schwerfälligen Schiffe bei weitem nicht so geschickt wie die Griechen ihre verhältnismäßig kleine Flotte von schlanken Schiffen. Hinzukam, daß die Trieren der Artemisia aus Halikarnassos, Kos und Nysyros sehr geschickt und schnell waren. Doch nicht etwa im Kampf gegen die Griechen, sondern im Plündern der persischen Troßschiffe. In ihrem Beruf routiniert, gelangten die PiratInnen der Artemisia mit schnellen Ruderschlägen zwischen die persischen Schiffe, die so blockiert waren und an den Feind nicht herankamen. Kein Wunder, daß die persische Flotte keinen Sieg errang und sich nach Salamis zurückziehen mußte. Trotzdem war Artemisia, die in der Schlacht befehligt hatte, in den Augen Xerxes' eine Heldin. Von den Plünderungen während der Schlacht erfuhr er freilich nichts.

Artemisia war eine Frau, die sich von der Gewaltherrschaft des Xerxes weder einschüchtern noch vereinnahmen ließ. Als Königin von Kleinasien fühlte sie eine selbstverständliche Verbundenheit mit den anderen griechischen Volksstämmen und spornte mit ihrem Verhalten auch die anderen an, sich nicht gänzlich unterwerfen zu lassen. Das wichtigste war für sie jedoch immer die eigene Freiheit.

Im Jahr 480 v.Chr. war Griechenland von den persischen Truppen so gut wie eingenommen, die GriechInnen hatten sich aber noch nicht ergeben. Die Entscheidung sollte bei Salamis fallen.

Der Grieche Themistokles ließ Xerxes die Nachricht überbringen, die Griechen hätten ihre Ohnmacht erkannt und wollten flüchten. Alle Kampfschiffe der Griechen lägen zum Auslaufen bereit. Die gewaltige persische Flotte müsse nur in die Seestraße einfahren und hätte dann ein leichtes Spiel mit den wenigen griechischen Schiffen.

Der Verrat war zum Schein, doch Xerxes glaubte dem Ratschlag, denn er hatte ja gute Erfahrungen mit dem Verrat des Ephialtes gemacht. Auch die Oberbefehlshaber der persischen Flotte hielten die Sache für glaubhaft.

Als Themistokles beim Kriegsrat vorsprach, durchschaute Artemisia den Plan. Ein Lächeln zwischen ihr und Themistokles hätte genügt, um das gemeinsame Interesse, dem persischen Imperialismus ein Bein zu stellen, zu bestätigen. Artemisia richtete aber ihre Augen nicht auf Themistokles, denn sie hielt seinen Vorschlag für strategischen Schwachsinn. In die enge Seestraße einzufahren, aus deren Buchten die griechischen Schiffe hervorschnellen, zuschlagen und sich wieder zurückziehen konnten, bedeutete die sichere Niederlage der persischen Flotte. Auf offener See konnten ihre Schiffe flüchten, aber in dieser Seestraße waren sie in der Falle. Kämpfen wollte Artemisia sowieso nicht, auch nicht für die Griechen, die unter solchen Bedingungen den Sieg bereits in der Tasche hatten. Ihr lag das Leben ihrer PiratInnen am Herzen, das sie einem sinnlosen Gemetzel nicht aussetzen wollte.

So sprach Artemisia im Rat: „Es ist meine Pflicht, dir offen und wahr meine Meinung zu sagen, was dir in dieser Sache am meisten nützt. Und so sage ich dir: Schone die Schiffe, liefere keine Schlacht! Hast du nicht Athen, um dessentwillen du die Herrschaft begonnen hast? Hast du nicht das übrige Hellas? Wenn du aber jetzt gleich auf einer Seeschlacht bestehst, dann fürchte ich, wenn der Flotte ein Unglück begegnet, daß auch das Landheer ins Verderben gezogen wird."[5] Wie recht sie mit dieser Einschätzung hatte, bewies später der Kriegsausgang.

Herodot berichtet weiter: „Als Artemisia so sprach, wurden alle, die ihr freundlich gesinnt waren, über diese Rede bekümmert, weil sie glaubten, es würde ihr übel beim König ergehen, daß sie ihm widerriet, eine Seeschlacht zu liefern; andere aber, die voll Mißgunst und Neid gegen sie waren, weil ihr vor allen Bundesgenossen hohe Ehre widerfahren war, hatten ihre Freude an ihrem Widerspruch und meinten, das würde ihr Verderben sein. Aber als die Ratschläge vor den König kamen, gefiel ihm der Rat der Artemisia sehr gut, er hatte sie schon vorher für eine tapfere Frau gehalten, und so rühmte er sie jetzt noch viel mehr. Dennoch befahl er, dem Rat der Mehrheit zu folgen, denn er war der festen Überzeugung, daß die Flotte bei Euboia (Kap Artemision) nur feige gekämpft habe, weil er selber nicht dabeigewesen sei; jetzt aber war er bereit, selbst dem Kampfe zuzuschauen."[6]

Noch in derselben Nacht schob sich die persische Flotte vor die Seestraße von Salamis. Artemisia stand am Heck ihres Flaggschiffs *Lykos* und bat Hera um günstigen Wind, damit ihr die Flucht erleichtert würde und sie mit ihren PiratInnen unversehrt wieder nach Halikarnassos gelangen könnte. Sie gab ihren Leuten Befehl, heulend und brüllend über die Decks zu rennen und wie wild Pfeile in die Luft zu schießen, wenn sie das Kommando zum Angriff gab. Kein Grieche sollte getötet oder verletzt werden.

Als die Sonne über Salamis aufging, begann die Schlacht. Es kam, wie Artemisia es vorausgesehen hatte: Die persische Flotte behinderte sich selbst durch ihre Masse in der engen Seestraße. Die griechischen Schiffe schossen mit schnellen Ruderschlägen mitten in die fast manövrierunfähige Flotte, enterten und versenkten Schiffe oder steckten sie in Brand und waren mit drei, vier Ruderschlägen wieder aus der Schlacht.

Artemisia kommandierte zuerst in der Mitte des Schlachtfelds, bekam dann aber Befehl, ihre Flotte hinter die Ionier zu setzen, um deren Treue im Bruderkrieg zu prüfen. Das kam ihr sehr gelegen, denn so bekam sie eine bessere Fluchtmöglichkeit. Als das Kampfgetümmel in der Seestraße völlig unüberschaubar geworden war, gab sie ihren Schiffen Befehl, das Schlachtfeld zu verlassen; die Ionier folgten ihrem Beispiel. Doch das Schiff des Vasallenkönigs Damasithymos versperrte ihr den Weg; krachend bohrte sich der Schnabel der *Lykos* in das Langholz der persischen Triere und versenkte das Schiff. Nun gab Artemisia ausdrücklich Befehl, alle Schiffe zu versenken, die ihrer Flotte den Weg in die Freiheit versperren wollten. Und unter den Stößen der bronzenen Schiffsschnäbel sanken die Schiffe der Perser und ihrer Verbündeten. Die Schiffe aus Halikarnassos, Kos und Nysyros brachen die persische Barriere, gefolgt von den Ioniern segelten sie ins offene Meer.

Auf dem Berg Aegalos an der Westküste von Pyräus hatte sich Xerxes einen Thron mit silbernen Füßen aufstellen lassen, auf dem er, umgeben von Vettern, Neffen und engsten Beratern, die Schlacht beobachtete. Er richtete sein Augenmerk auf die große Flotte der Phönizier, aus deren verzweifelten Manövern er nicht schlau wurde. Viel klarer schien ihm das Schiffeversenken der Artemisia. Er hatte zwar die *Lykos*, ihr Flaggschiff, erkannt, nicht aber das Schiff, das sie versenkt hatte. Auch seine Begleiter hatten es nicht richtig gesehen, und deswegen antworteten sie vorsichtshalber, es sei ein athenisches Schiff gewesen. Das freute den König der Könige sehr.

Der Seekampf war am Abend beendet, die persische Flotte geschlagen. Xerxes floh mit seinem Thron, die Flotte ließ er zurück.

Die Athener hatten ihrerseits ein hohes Kopfgeld auf Artemisia ausgesetzt, weil sie annahmen, daß sie gegen Athen kämpfte. Für sie war es ein besonderes Vergehen, daß Artemisia als Frau gegen eine Stadt kämpfte, die einer Göttin geweiht war. Davon abgesehen, daß sie gar nicht gegen Athen kämpfte, war dieser Vorwurf glatter Hohn. Denn Athene zur Zeit der Perserkriege hatte nichts mehr mit der ursprünglichen alten, weisen Göttin zu tun. Sie war längst zur männlichen Kopfgeburt deformiert. Die Göttinnen waren inzwischen vom Patriarchat entmachtet oder vereinnahmt worden, so wie die Frauen in Griechenland zu Sklavinnen der Männer geworden waren.

Die Sache mit dem Kopfgeld war Artemisia so gleichgültig wie Sieg oder Niederlage der Perser. Als Frau konnte sie sich weder mit dem einen noch mit dem anderen Volk identifizieren. Ihr Kampfziel war die Flucht, und deshalb hatte sie befohlen: Versenken, was sich in den Weg stellt.

Nach dem Kampf ließ Xerxes alle Befehlshaber zu sich kommen, die die Schlacht überlebt hatten. Die phönizischen Oberbefehlshaber kamen, um sich zu rechtfertigen. Xerxes befahl, „ihnen die Köpfe abzuschneiden, damit sie, die selbst feige gewesen seien, nicht die Tapferen verleumdeten".[7]

Er ließ Artemisia vortreten, denn er wußte nicht, daß Damasithymos und viele andere aus seinem Heer durch ihre Hand umgekommen waren. Artemisia war in seiner Achtung noch höher gestiegen, und er fragte sie nun persönlich um Rat. „Ja, die Männer sind mir zu Weibern geworden und die Weiber zu Männern", rief er den anderen Befehlshabern zu.[8] Er übergab Artemisia zwei seiner Söhne, damit sie sie zu richtigen Helden erzöge. Er schickte seinen Lieblingseunuchen mit, denn es war üblich, daß Jungen von Eunuchen betreut wurden. Artemisia war zufrieden mit dieser Aufgabe. Sie wußte sehr wohl, wie schnell auch sie beim König der Könige in Ungnade fallen konnte. Für diesen Fall war es sehr günstig, die beiden Prinzen in ihrer Obhut zu haben, als mögliche Geiseln. Dieser Fall trat aber nie ein, die kluge Königin konnte noch viele Jahre ungestört der Piraterie nachgehen. Sie wurde auch nicht wieder mit der Forderung zur

Teilnahme an Seekriegen belästigt, denn Xerxes wurde bald ermordet, und die nachkommenden Tyrannen entwickelten keinen Drang zum Seekrieg mehr.

Artemisia hat ihren Korb beiseite gelegt, denn inzwischen ist es dämmrig geworden. Die Königin steht auf, springt behende vom Felsen und beugt sich zu dem spielenden Kind. „Du mußt das Segel vor dem Angriff fallen lassen, das behindert beim Rammen die Ruderer. Oft muß mehrmals zugestoßen werden, bis ein Schiff kentert. Das bedeutet: drei Riemenschläge zurück und wieder mit drei Riemenschlägen nach vorn. Da darf kein Wind ins Segel kommen. Das könnte die Wucht hemmen. Im Seekampf wird die Triere zum Ruderboot. Doch jetzt ist es Zeit, nach Hause zu gehen. Komm, Herodot!" Und Artemisia verschwindet mit ihrem Enkel zwischen den Felsen.

Wir aber verschwinden aus der Ägäis und nehmen Kurs auf die Adria und das 3. Jahrhundert v.Chr.

Mit hochmütigem Lächeln begrüßte Teuta die beiden römischen Gesandten. Coruncanio der Größere und Coruncanio der Kleinere waren
vom römischen Senat an den Hof der illyrischen Königin geschickt
worden, um sich bei ihr darüber zu beschweren, daß die römischen
Kaufleute auf ihrem Weg nach oder von Griechenland ständig von
illyrischen Piratenschiffen überfallen wurden. Sie baten die Königin
höflich, ihre Untertanen künftig von dieser Unsitte abzuhalten. Teuta
erwiderte den Brüdern, sie sei zwar bereit, die eigene Flotte anzu-
weisen, fortan den Römern kein Unrecht zu tun. Doch den Privat-
leuten könne sie keine Vorschriften machen, denn Seeraub sei
illyrisches Landrecht.

Das empörte Coruncanio den Kleineren. „Bei den Römern, o Teuta",
rief er aus, „ist es löbliche Sitte, das den einzelnen zugefügte Unrecht
von Staats wegen zu verfolgen und den Verletzten beizustehen. Wir
werden daher, so Gott will, dich rasch und nachdrücklich zwingen,
die Gesetze zu verbessern, die für die Könige gegenüber den Illy-
riern gelten!"[9]

Damit hatte der junge Römer eindeutig den Ton verfehlt. Seine
Worte erzürnten Teuta so sehr, daß sie ihn ermorden ließ. Seine Begleiter nahm sie gefangen.

So ungefähr muß die Szene am Hof der illyrischen Königin Teuta
im Jahr 230 v.Chr. ausgesehen haben, wenn wir den Schilderungen
des griechischen Geschichtsschreibers Polybios glauben wollen. Das
Bild der launischen, grausamen und unberechenbaren Teuta, das er
vermittelt, entspricht dem frauenfeindlichen Bild der römischen Propaganda gegen eine Regentin, die den imperialistischen Expansions-
bestrebungen der Römer im Weg stand.

Teutas Reich, Illyrien, lag an der dalmatischen Adriaküste gegenüber dem italienischen Stiefel. Illyrien war ein von Balkanstämmen
bewohntes Gebiet, das vom adriatischen Meer bis zum Morawafluß
und von Epirus bis zur mittleren Donau reichte. Von einem regel-
rechten Königtum kann nicht die Rede sein. Teuta und auch die Männer, die vor und nach ihr auf dem Thron saßen, hatten eigentlich
nichts zu regieren, denn Illyrien war kein Reich mit festen Landes-
grenzen oder einheitlichen Gesetzen. In den einzelnen Volksstämmen

herrschte weitgehend Autonomie. Als Frau auf einem Königsthron war Teuta zu ihrer Zeit eine Ausnahme. Die königliche Thronfolge war männlich. Teuta hatte die Regentschaft für ihren Stiefsohn Pinnes übernommen, nachdem ihr Mann nach einem Gelage an Lungenentzündung gestorben war.

Teuta, deren Grausamkeit Sagen und Legenden überliefern, war eine Piratenkönigin. In ihrem Reich galt die Piraterie als freies gewerbliches Unternehmen, das nach illyrischem Landrecht anerkannt war. Die EinwohnerInnen Illyriens waren auf Seeraub angewiesen. Die karge Landwirtschaft an der dalmatischen Küste reichte nicht aus, um die Menschen einigermaßen zu ernähren. Da kamen ihnen die reichen römischen Schiffe gerade recht, die vor ihrer Nase beladen mit Getreide und Fisch Richtung Griechenland segelten und auf dem Rückweg griechische Sklaven an Bord hatten.

Auch Teuta kaperte im Mittelmeer. Die raublustige Königin hatte sich dafür eine stattliche Flotte ausrüsten lassen. Sie segelte die dalmatische Küste entlang ins Ionische Meer, plünderte die Küstenstädte der Peleponnes und beging auf der Rückfahrt einen spektakulären Überfall auf die Stadt Phoinike in Epirus, die heute in Albanien, nahe der griechischen Insel Korfu, liegen würde. Teuta nahm die Stadt ein und machte sich kurzzeitig zur Königin. Phoinike galt als die reichste Stadt dieser Region, und Teuta scheute keine Plünderung.

Ständige Unruhen gegen sie und ihre Leute veranlaßten sie jedoch, die Stadt Phoinike gegen Geld zurückzugeben, die Beute behielt sie, gab aber die Gefangenen frei und ließ ihre Truppen abziehen. Damit waren aber ihre Plünderungen in Epirus keineswegs abgeschlossen. Teuta beschränkte sich nicht nur auf die Küstenstädte, sondern überfiel auch Orte im Binnenland, bis die Epiroten sich gezwungen sahen, mit ihr ein förmliches Bündnis zu schließen und einen Landstrich an sie als Siegespreis abzutreten. Auch während dieser militärischen Aktionen kaperten sie und ihre Landsleute die Schiffe der römischen Kaufleute.

Die Römer erkannten, daß das keine sporadischen Schiffs- und Städteplünderungen mehr waren, wie es bisher die Tradition der illyrischen Stämme gewesen war. Was Teuta machte, war nicht nur Piraterie, sondern Politik: Expansionspolitik. Die Römer mußten befürchten, daß die Piratenkönigin mit den neuen Verbündeten in Epirus bald die Kontrolle über eine wichtige Seehandelsstraße, den Kanal von Otranto, bekommen würde.

Das war der Grund, eine römische Gesandtschaft nach Illyrien zu schicken. Teutas Unnachgiebigkeit gegenüber den beiden Botschaftern lag nicht in der launischen Willkür einer mächtigen Frau begründet, wie es die Historiker gerne behaupten, sondern in der begrenzten Macht des Throns gegenüber den Stammeshäuptlingen, die ein Verbot der privaten Piraterie nie akzeptiert hätten.

Der Mord an dem Gesandten, möglicherweise ein Phantasieprodukt römischer Propaganda, war willkommener Anlaß für einen militärischen Einsatz in Illyrien. „Als die Kunde hiervon nach Rom kam, war die Empörung über den Frevel des Weibes so groß, daß man sogleich zum Krieg rüstete, Legionen aushob und eine Flotte zusammenbrachte", weiß Polybios zu berichten. Die Römer hatten ihre Rechtfertigung für einen „gerechten" Krieg gegen die unbequeme Teuta.

Bis dahin war sie lange Zeit bei ihren Kaperzügen ungestört geblieben, obwohl sich beim römischen Senat die Berichte über ihre gnadenlosen Überfälle häuften. Die Römer hatten guten Grund, einen Krieg mit Illyrien zu vermeiden, denn der hätte Seekrieg bedeutet. Seekämpfe aber scheuten die Römer, der Schiffsbau war nicht ihre Stärke. Sie bauten die Schiffe aus frisch geschlagenem Holz, so daß diese auf See immer schwerer und langsamer wurden als die der Gegner. Über die Navigationsfähigkeiten der Römer äußerte sich ein Karthager einmal folgendermaßen: „Ihre Steuerleute handeln wie Blinde und Narren: Wo Klippen sind, sehen sie einen Hafen, und in jedem Hafen finden sie Klippen. Sie wissen weder in den Sternen noch am Himmel zu lesen, und sie halten das ferne Grollen herannahender Gewitter für das Brüllen einer Kuhherde, die man zu ihren Schiffen führt."

Daß die Römer auch später noch miserable Segler waren, ist in der Bibel nachzulesen: Die zahlreichen Schiffbrüche des Apostel Paulus können nicht allein göttliche Vorsehung gewesen sein.

Den römischen Seeleuten und Offizieren fehlte es auch an Erfahrung im Seekampf und in den Entertechniken. Die praktische Erfindung der schwenkbaren Enterbrücken, die später als Beispiel für den Einfallsreichtum der römischen Schiffsbauer bekannt wurden, steckte anno 230 v.Chr. noch in den Kinderschuhen, und den Umgang damit mußten die wasserscheuen Römer noch üben.

Auf die römische Kriegserklärung reagierte Teuta mit dem Angebot, die restlichen gefangenen Gesandten auszuliefern. Sie verweigerte aber die Auslieferung der Mörder von Coruncanio dem Kleineren. Unterdessen raubte sie weiter und dachte nicht daran, das Landrecht Illyriens zugunsten der römischen Handelsreisenden zu ändern.

Mit ihren Plünderungen an den griechischen Küsten schaffte sie sich jedoch so viele Feinde, daß die Römer bald mit der Unterstützung der Griechen rechnen konnten. Verschiedene griechische Stämme verbündeten sich mit den Römern und erkannten deren Vorherrschaft an. Damit wurde es den Römern ermöglicht, Illyrien zu Land anzugreifen. Die per Schiff angerückten römischen Legionen wurden mit den griechischen Heeren vereinigt. Sie besiegten einige Stämme, die mit Teuta verbündet waren, drückten ihnen ihre „Schutzherrschaft" auf und nannten das „befrieden". Andere Stämme siegten gegen die Römer und blieben mit Teuta verbunden. Ein zähes Ringen um illyrische Autonomie gegen römische Vorherrschaft zeitigte das Jahr 228 v.Chr.

Teuta konnte schließlich die dalmatische Küste und ihr ursprüngliches Gebiet als eigenständiges Königreich halten. Die Römer setzten bei den Friedensverhandlungen fest, daß nie mehr als zwei illyrische Schiffe gleichzeitig im ionischen Meer zu den griechischen Küsten fahren durften.

Ob Teuta sich daran gehalten hat, ist ungewiß, denn über ihr weiteres Leben schweigen die Quellen.

Aus der Bordküche: Gegrillte Muräne

Die Haltbarmachung der Lebensmittel spielte an Bord eine wichtige Rolle. Das Einlegen des Fleisches in Salz oder einer Salzlösung war schon in prähistorischer Zeit bekannt und wurde auch auf den Piratenschiffen praktiziert. In der Antike wurden frisches oder gekochtes Fleisch und Obst in Honig eingelegt. Gebratener Fisch wurde haltbar gemacht, indem er mit heißem Honig übergossen wurde. Schweine- oder Rinderschwarte hielt sich besonders lang in einem Lack aus Senf, Essig, Salz und Honig. Das Gemüse wurde in mit Pech abgedichtete Gefäße gelegt und im dunklen Stauraum trocken aufbewahrt.

Berühmt wurde das Liquamen oder Garum: eine Fischsoße, die die RömerInnen aus Fischabfällen herstellten. Wenn diese Soße zu stinken anfing, wurde sie wiederaufbereitet, indem sie in ein mit Lorbeeren und Zypressenholz ausgeräuchertes Gefäß umgeschüttet, nochmals gesalzen und mit Honig vermengt wurde.

Gegrillte Muräne:
Die ausgenommene Muräne (Innereien werden für Liquamen verwendet) wird mit Salz, Pfeffer und Zitronensaft abgerieben und mit Öl bestrichen. Leider fehlt in den alten Quellen die Garzeitangabe, aber ca. 25 Minuten wird dieses Tier schon auf dem Grill bleiben müssen, bis es gar ist.

Für die Soße werden Zwiebeln in der Pfanne gebraten, mit Honigwein abgelöscht und mit Damaszenerpflaumen, Pfeffer, Liebstöckel, Essig und Liquamen eingekocht.

Gekochte Muräne:
Die ausgenommene Muräne in heißem Salzwasser abkochen.

Die Soße wird aus dem Sud bereitet, der mit Mehl eingedickt und mit Pfeffer, Liebstöckel, Wiesenkümmel, Selleriesamen, Koriander, getrockneter Minze, Pinienkernen, Raute, Honig, Essig, Wein, Liquamen und Öl abgeschmeckt wird.

Fischfrikassee:
500 Gramm Fischstücke (ohne Gräten)
300 Gramm Quallen
1/4 Liter Weißwein

1/2 Liter Rindsbrühe
3 Lauchstangen
0,1 Liter Öl
Liquamen, Salz, Koriander, Pfeffer, Liebstöckel, Oregano nach Belieben, Mehl zum Eindicken.

Die gekochten Fischstücke mit den gut gewaschenen Quallen in einen Topf mit Öl geben. Lauch und Koriander kleinschneiden und mitbraten. Wenn alles gar ist, wird die Brühe mit Weißwein angegossen und mit den Gewürzen abgeschmeckt.

Starker Wind treibt uns durch die Jahrhunderte Richtung Westen, wo wir gegen Ende des 15. Jahrhunderts mitten ins Kampfgetümmel zwischen Christen und Moslems geraten.

1492 fiel das maurische Granada, das letzte arabische Emirat auf europäischem Boden. Im selben Jahr, in dem Kolumbus und seine Horde erstmals in Amerika an Land gingen, wurde die Reconquista, die Wiedereroberung Spaniens durch die Christen, siegreich beendet. Die 100 000 Moslems und 75 000 Juden, die bis dahin in leidlicher Convivencia mit den Christen in Spanien zusammengelebt hatten, wurden nun von der Inquisition verfolgt, mit dem Ziel, unter dem Namen „Heiliges Römisches Reich deutscher Nation" ein geeintes Europa zu schaffen.

Die moslemischen Mauren, die mit ihrer Kunst und den Wissenschaften wie Mathematik, Medizin und Philosophie Spaniens Kultur bereichert hatten, wurden in Ghettos umgesiedelt, versklavt oder vertrieben. Die Ideologie der Reconquista – wer kein Christ ist, ist ungläubig und somit kein vollwertiger Mensch – bereitete den Boden für die skrupellose Raffgier, mit der die christlichen Seefahrer sich jenseits des Atlantischen Ozeans daranmachten, die „Neue Welt" auszuplündern und große Teile ihrer Bevölkerung auszurotten. Gleichzeitig dienten die Reichtümer, die aus der neu „entdeckten" Welt nach Europa geschafft wurden, dazu, die Kriege zwischen den sich formierenden Nationalstaaten zu finanzieren.

Die maurischen Familien, die vor dem Terror der Inquisition aus Spanien fliehen konnten, versuchten sich in Nordafrika eine neue Existenz aufzubauen. Im ausgehenden 15. Jahrhundert bildeten sich in Algier und Tunis Piraterieverbände, die zum Schrecken der christlichen Seefahrt wurden. Seefahrt und Piraterie, zwei Beschäftigungen, die den OrientalInnen von jeher abgesprochen wurden, entwickelten sich nun zu ihrer Spezialität. „Barbaresken" nannten die Christen die AraberInnen Nordafrikas, über die sie die unglaublichsten Schauermärchen erzählten. Dabei handelt es sich zum großen Teil um antiislamische Propaganda. Vermutlich waren die Barbaresken nicht grausamer als die christlichen Seefahrer. Wenn sie auch im Auftrag der Sultane in Konstantinopel raubten, kaperten die Barbaresken doch keineswegs aus Patriotismus. Oft wurden sie von den untereinander zerstrittenen europäischen Machthabern angeheuert. Mit Geld oder nautischer und militärischer Schiffsausrüstung belohnten Frankreich, Holland und England die Kaperfahrten der arabischen PiratInnen gegen ihre Nachbarn.

Nur einen wirklichen Feind hatten die Barbaresken im Mittelmeer: die Ritter des Johanniterordens, fanatische Christen, die seit den Kreuzzügen den heiligen Krieg gegen eine ungläubige Welt führten. Diese militärische Abordnung der christlichen Kirche gab den Kampf gegen den Islam nicht auf. Mit ihren behäbigen Galeeren, eingedost in Ritterrüstungen und mit den langen, unhandlichen Schwertern hatten sie kein leichtes Spiel im Kampf gegen die AraberInnen, die in bequemen Pumphosen behende ihre kurzen, leichten Krummsäbel schwangen.

Eine von ihnen hieß Sida Al Hurra. Sie war nicht nur Piratin, sondern über dreißig Jahre Regentin an der westmarokkanischen Küste.

Die moslemischen Historiker schweigen über Sida Al Hurra. Lediglich aus spanischen und portugiesischen Quellen geht hervor, daß sie bei diplomatischen Verhandlungen eine wichtige Rolle spielte. „Sie hatte die Macht in Tetuan und in ganz Marokko, und sie besaß unangefochtene Autorität unter den Piraten dieser Region. Zu ihren Verbündeten gehörte auch ‚Barbarossa‘, der berühmte türkische Korsar Cheireddin (Chair ad-Din), der von Algier aus operierte", schreibt Fatema Mernissi.[11]

Sida stammte aus einer reichen andalusischen Familie, die nach dem Fall von Granada nach Marokko geflohen war. Sie war noch ein Mädchen, als sie mit ihrer Familie ins nordafrikanische Exil ging. Die Banu Raschid ließen sich in Chechanuen nieder. Sida wurde verheiratet an einen Mann aus der Nachbarstadt Tetuan. Auch er gehörte zu einer angesehenen andalusischen Familie, die vor der Inquisition fliehen mußte. Die Flüchtlinge glaubten damals noch, irgendwann wieder nach Spanien zurückkehren zu können. Einige von ihnen führten hin und wieder Kriegszüge gegen die Spanier.

In Friedenszeiten wäre Sida in Andalusien eine vornehme Dame in einem Harem geworden, aber wie fast immer in Kriegs- und Krisensituationen wurden auch bei der Vertreibung der Mauren viele Frauen aus ihren traditionellen Rollen herausgerissen und an der Bewältigung der politischen Katastrophe beteiligt. Sida wurde Piratin. Sie überfiel spanische Schiffe und gewann damit in kurzer Zeit die

Reichtümer wieder, die ihr und ihrer Familie von den Christen genommen worden waren. Gleichzeitig konnte sie mit ihren Kaperzügen den Kampf gegen die ihr und ihrem Volk verhaßten Christen fortführen.

Obwohl Sida Al Hurra nicht von Kindesbeinen an auf Schiffsplanken stand, entpuppte sie sich als begabte Piratin, so daß sie bald „Hakimat Tétouan", die „Lenkerin von Tetuan" genannt wurde. Mit Hilfe ihrer Beute und einem ausgezeichneten Organisationstalent leistete sie einen beträchtlichen Beitrag zum Wiederaufbau der Stadt Tetuan, die aus Ruinen bestand, als die Flüchtlinge dort ankamen. Von 1510 bis 1542 lenkte Sida das Geschick dieser Stadt. Für die spanischen und portugiesischen Diplomaten war sie die Repräsentantin einer führenden Seemacht, mit der sie über Fragen wie die Freilassung von Gefangenen verhandeln mußten. Der Titel *Al Hurra*, die arabische Bezeichnung für eine Frau, die Macht ausübt, stand ihr rechtmäßig erst ab 1515 zu, nachdem ihr Mann gestorben war und sie an die Spitze der Stadtregierung gewählt wurde. Später heiratete Sida Al Hurra den König von Marokko, Ahmed al Wattassi.

„Sie ließ keinen Zweifel daran, daß sie ihren politischen Einfluß behalten wollte", schreibt Fatema Mernissi. „Zur Hochzeitsfeier mußte der König aus der Hauptstadt Fes nach Tetuan reisen. Es war das einzige Mal in der Geschichte Marokkos, daß ein König seine Heirat außerhalb seiner Hauptstadt vollzog."[12]

MADAME DE FRESNE ODER: WIE KAM DIE MARQUISE AUF DAS PIRATENSCHIFF?

Mit erwartungsvoller Neugier schritt die Marquise durch die Gassen von Genua. Begleitet von ihrem Dienstmädchen Margot und ihrem Mann, dem Marquis de Frèsne, steuerte sie auf den Hafen zu. Es war Sonntag. Die milden Strahlen der Vormittagssonne reichten nicht bis in die Gassen, die so eng waren, als ob die Häuser von Genua sich aus Angst vor den Flüchen des Meeres aneinanderdrängten. Die junge Marquise war wie verzaubert von dieser Stadt. Der Hafen mit seinen düsteren Spelunken hatte eine Atmosphäre von großer weiter Welt, von Abenteuer und Verbrechen. Sie liebte den Geruch von Fisch, Meer und faulem Holz, die Geräusche der knarrenden Taue und der Wellen, die gegen die Schiffsbäuche klatschten.

Die Schiffe gehörten christlichen Händlern, Malteser-Rittern und den PiratInnen aus dem Orient, die hier wie alle aus Nordafrika Stammenden „Barbaresken" genannt wurden. Die Marquise wußte, daß im Hafen dunkle Geschäfte abgeschlossen wurden, daß die offizielle Einteilung in gute Christen und böse Moslems mit der Wirklichkeit nicht übereinstimmte. Hier hatten alle Dreck am Stecken. Die christlichen Seefahrer arbeiteten, wenn es ihren Profitinteressen entgegenkam, mit den seeräuberischen Barbaresken zusammen, über die sie die grausamsten Geschichten verbreiteten. Mit einem solchen Barbaresken waren die de Frèsnes heute verabredet.

Das adlige Paar aus Paris war geschäftlich in Genua, der Marquis war hier bei einem Bankier eingeladen. Seine Frau, mit der er erst wenige Monate verheiratet war, begleitete ihn auf seinen Reisen. Bei einem Festessen hatten sie den algerischen Piraten Gendron kennengelernt, der eigens dafür eingeladen war, den Bänkern und Händlern die neuesten Nachrichten aus der Barbarei zu überbringen. Madame und Monsieur de Frèsne waren sehr beeindruckt von dem Abenteurer, von seinen Erzählungen, der orientalischen Kleidung und von seinem Dolch, dessen Klinge mit Koransprüchen und dessen Griff mit Perlmuttintarsien verziert waren.

Gendron stammte aus La Rochelle und war ein Renegat, d.h. ein getaufter Christ, der erst später zum islamischen Glauben übergetreten war. Nicht wenige Christen wurden zu der Zeit Renegaten, und bei vielen waren die Gründe eher politischer als religiöser Natur.

Gendron kam mit den Herrschaften aus Paris ins Gespräch, sie schlossen Bekanntschaft, und einige Tage später hatte er sie zu einem Spaziergang und einem Besuch auf seinem Schiff eingeladen. Überschwenglich begrüßte er nun die drei Gäste auf seiner kleinen Schebecke, die sehr prunkvoll ausgestattet war mit Teppichen, vergoldeten Schnitzereien und einem riesigen purpurroten Baldachin, auf dem goldene Halbmonde prangten. Gendron trug eine weite Pumphose und einen seidig glänzenden Turban. Alles duftete nach kostbarem Parfüm. Die de Frèsnes und Margot bekamen ein fürstliches Mahl serviert, begleitet von exotischen Likören.

Vierundzwanzig Stunden später befand sich Gendrons Schebecke auf hoher See, mitsamt der Marquise de Frèsne und ihrer Margot; der Gatte stand am Ufer von Genua und weinte.

Was war geschehen?

„Es gab wohl einen Unterschied", schreibt die Marquise de Frèsne in ihren Memoiren, „zwischen dem, was mein Mann und Gendron getrunken haben, und dem, was er uns angeboten hat, Margot und mir. Denn sie blieben bei vollem Verstand, während unserer immer mehr getrübt wurde. Alles drehte sich um uns, und wir fielen alle beide in eine tiefe Bewußtlosigkeit, die vierundzwanzig Stunden dauerte."[13]

Als sie aufwachte, befand sich die Marquise auf dem Bett in der Kabine des Korsaren. Ihr wurde schnell klar, daß sie nun seine Gefangene war. Gendron saß neben ihrem Bett. Er versicherte ihr, daß ihr Mann sie gegen ein hohes Lösegeld an ihn verliehen hatte. Zum Beweis präsentierte er ihre Kleider, die der Marquis ihr nachgeschickt habe. Die Marquise berichtet, daß Gendron sich ihr gegenüber sehr zuvorkommend verhielt, er überschüttete sie mit heißen Liebesbeteuerungen und tröstete sie damit, daß sie um einen Schurken, der sie gegen Geld weggab, nicht zu trauern brauchte, zumal sie nun einen Mann hätte, der sie bis ans Ende seiner Tage lieben und verehren würde.

Der Marquis hingegen erzählte in der ganzen Stadt, daß seine Frau ihn verlassen hätte und mit dem barbarischen Korsaren durchgebrannt sei.

Wem wollen wir glauben, dem Mann oder der Frau? Sollen wir, um unserem feministischen Anspruch gerecht zu werden, der Frau glauben und annehmen, daß die Marquise das unschuldige Opfer einer männlichen Intrige war? Sicher nicht. Frauenparteilichkeit kann auch bedeuten, Frauen die Fähigkeit zu List und Lüge zuzutrauen, mit deren Hilfe sie ihre aussichtslose Situation als Frau wenigstens ein bißchen verbessern.

Wie sah das Leben einer Frau wie der Marquise de Frèsne gegen Ende des 17. Jahrhunderts aus? Als Tochter einer Familie aus dem niederen Adel sollte sie an einen reichen Mann aus der Provinz verheiratet werden. Doch Mademoiselle Tillet verspürte keine Lust, den Rest ihrer Tage wohlbehütet in einem Schlößchen auf dem Lande zu verbringen. Die einzige Alternative zur Heirat wäre für eine Frau ihres Standes das Kloster gewesen, eine Möglichkeit, die viele Geschlechtsgenossinnen vorzogen, die für eine neugierige und reisefreudige Frau wie Mademoiselle Tillet jedoch nicht in Frage kam. Als sie dem Marquis de Frèsne vorgestellt wurde, nahm sie seinen Heiratsantrag an. Der Marquis, der geschäftlich viel in Europa reiste, schien ihr das kleinere Übel zu sein: Entweder er reiste allein und sie konnte ungestört das privilegierte Leben einer Marquise führen, oder sie begleitete ihn und lernte die Welt kennen. Es ist gut vorstellbar, daß das Leben als Gemahlin in der frühbarocken High Society die unternehmungslustige Marquise bald gelangweilt hat. Was spricht dagegen, daß sie angesichts des interessanten Abenteurers Gendron beschloß, mit ihm zu gehen, um noch mehr zu erleben?

Letztendlich vermögen wir nicht zu entscheiden, wer von den beiden gelogen hat. Festzustellen bleibt, daß das, was möglicherweise der Mann getan hat, keineswegs verboten war: Seine Frau zu verkaufen oder zu vermieten, wurde nicht bestraft. Was die Frau eventuell getan hat, war hingegen eine Todsünde: Den Ehemann zu verlassen war ein Schwerverbrechen und konnte mit den schlimmsten Strafen sanktioniert werden.

Wie auch immer die Marquise auf das Piratenschiff gekommen ist, sie blieb mit Margot an Bord. Der erste Überfall, den sie miterlebte, richtete sich gegen eine holländische Fregatte, die vollbeladen aus Smyrna zurückkam. „Überflüssig zu beschreiben, in welchem Zustand ich war. Wenn man gut genährt ist, wie ich es immer war in dem deliziösen Paris, und wenn man sich dann plötzlich in einem Orkan von Kugeln befindet, liegt es auf der Hand, daß ich tausendmal mein Schicksal verwünscht habe", schreibt die Marquise, die die Schlacht von einem Sessel aus beobachtet hatte. „Dieser schlimme Kampf dauerte zwei Stunden, die mir vorkamen wie Jahrhunderte. Er war

zu Ende mit dem Tod des holländischen Kapitäns, der ebenso getötet wurde wie sein Sohn, der wirklich tapfer war. Nach ihrem Tod sahen die Überlebenden keinen Grund mehr, weiterzukämpfen, und hißten die weiße Fahnen, um sich zu ergeben. Sie wurden auf unser Schiff übernommen, in Ketten gelegt, während Gendron einen Teil ihrer Ladung auf unser Schiff brachte."

Anschließend beglückwünschte die Marquise den Piraten zu seinem Sieg. Sie bedauerte nur, daß Margot in der Schießerei einen Arm verloren hatte.

Die nächsten Opfer waren drei Schiffe des Malteser-Ordens, die Erzfeinde der PiratInnen. Sie brachten Gendron reiche Beute ein. Die Marquise de Frèsne fand zunehmend Gefallen an den Schlachten und besonders an den reichen Prisen. Allem Anschein nach kämpfte sie nicht selbst als Piratin, sondern sie spielte die Rolle der Glücksgöttin, die den Schlachten anfeuernd zuschaute. Gendron verehrte sie abgöttisch, sein Herz und seine Beute legte er in ihre Hände.

Als sie die Küste von Morea erreichten, eilte der Ruf der noblen Piratenbraut ihr bereits voraus. „Die einen sagten, daß ich die Prinzessin von da und da wäre, und die anderen, die Prinzessin von dort und dort", erklärt sie. „Die dritten meinten, ich müsse die Herzogin von Mazarin sein. Denn ungefähr zu jener Zeit hatte diese ihren Mann verlassen. Es gab aber auch welche, die der Meinung waren, daß ich die Herzogin von Chaulnes wäre, ohne Rücksicht auf meine Größe, mein Gesicht und mein Alter, die mit dieser außergewöhnlichen Frau nichts gemeinsam hatten. Doch da sie weder die eine noch die andere jemals gesehen hatten, ist es nicht verwunderlich, daß sie mich mit so vielen Personen verwechselten."

Offensichtlich war die Marquise de Frèsne nicht die einzige Frau, die das Leben auf einem Piratenschiff der Langeweile an Land vorzog. Sie hortete die Beute des Korsaren, und nachdem ein paar Neider vergeblich versucht hatten, sie ihr zu entreißen, gab Gendron ihr Wertbriefe und Ausweise auf ihren Namen, die ihr ermöglichten, durch alle Herrschaftsbereiche zu reisen. Damit wollte er ihr seine Liebe und sein Vertrauen beweisen. Sie konnte gehen, wohin sie wollte.

Irgendwann beschlossen die beiden zu heiraten. Mit Hilfe eines Malteser-Ritters gelangten sie nach Rom zu Papst Clemens X., wo Gendron seine Untaten bereute und die Marquise de Frèsne ihre Ehe annullieren lassen wollte. Der Papst kassierte ein hohes Sühnegeld, befreite Gendron von seinen Sünden und weigerte sich, die vor Gott geschlossene Ehe der Marquise zu annullieren. Immerhin lobte er, daß sie den Piraten zum Guten bekehrt hätte. Was er nicht wußte: Gendron hatte ihr einen großen Teil seiner Güter versprochen. Den Rest vermachte er den Mönchen. Diesen gelang es, den reuigen Piraten zu überzeugen, in ihren Orden einzutreten. Gendron wurde Mönch.

Die Marquise de Frèsne aber nahm ihren Beuteanteil und verschwand im Dunkel der Geschichte.

ANMERKUNGEN

1   Zitat nach Fawzi Mellah, *Die Irrfahrt der Königin Elissa,* Frankfurt/M. 1989, S. 82.
2   Ebd., S. 128.
3   Zitat nach Wolfram zu Mondfeld, *Entscheidung bei Salamis,* Würzburg 1976, S. 26.
4   Herodot, 7. Buch, 35.
5   Ebd., 8. Buch, 68.
6   Ebd., 8. Buch, 69.
7   Ebd., 8. Buch, 90.
8   Ebd., 8. Buch, 88.
9   Polybios, 2. Buch.
10 Ebd.
11 Fatima Mernissi, *Die Sultanin,* Darmstadt 1991, S. 27.
12 Ebd.
13 Nach Gérard A. Jaeger, *Les Femmes d'abordage,* Paris 1965. Übersetzt von Hildegard Eisenmann.

ATLANTIK

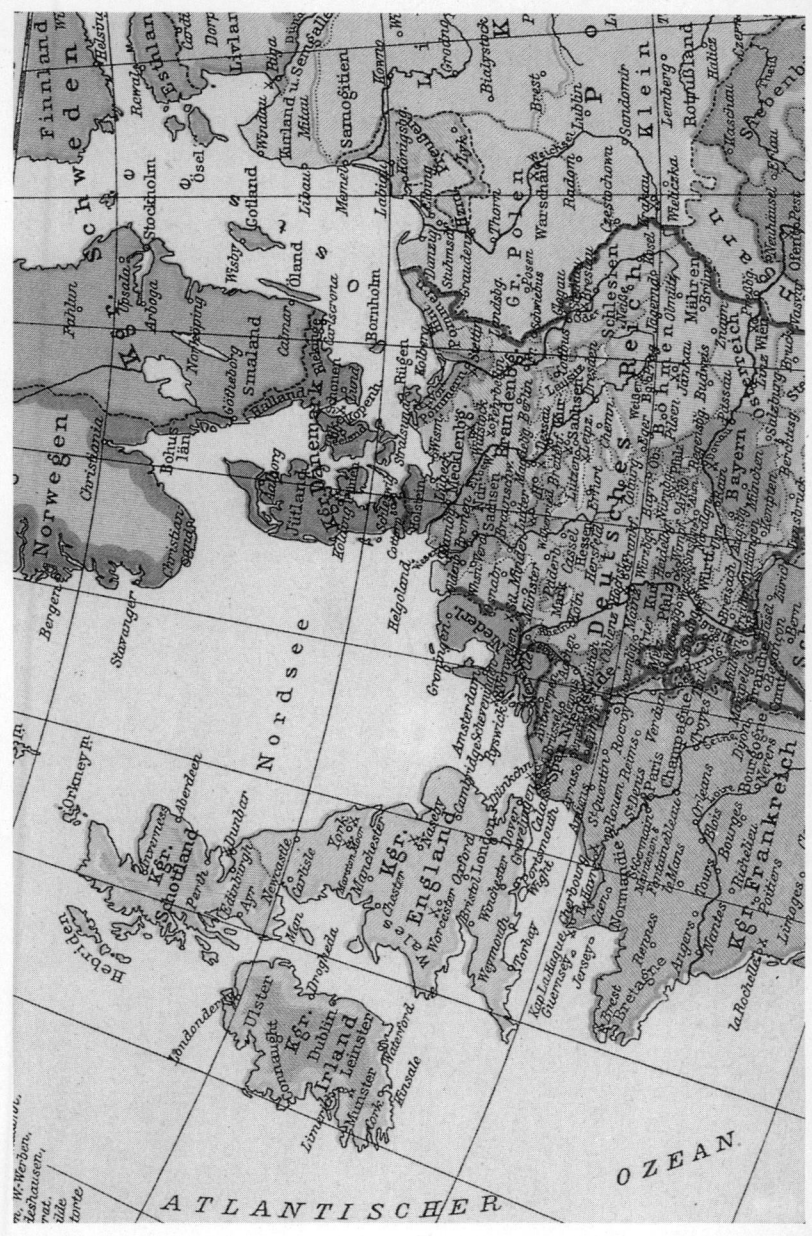

Frauen auf den Drachenschiffen – die Wikingerinnen

Durch die Seestraße von Gibraltar erreichen wir den Atlantischen Ozean, der vom 6. bis zum 11. Jahrhundert von Wikingerschiffen durchkreuzt wurde. Lange vor Kolumbus hatte dieses seefahrende Volk die Küsten Amerikas erreicht. Seit dem 8. Jahrhundert waren die normannischen Horden der Schrecken der europäischen Küsten. Sie fielen in fremde Länder ein, um zu zerstören und zu plündern. Sie töteten die Männer und Kinder, verschleppten und vergewaltigten die Frauen.

Ihr wichtigstes Wort war „Kraft"; sie verehrten in Thor mit seinem Hammer einen Gott der patriarchalen Gewalt. Zerstörung und Greueltaten waren eingebettet in das religiöse System der Wikinger. Andererseits verweisen die Schiffe der Winkinger mit den spiralenförmigen Steven oder Drachenköpfen am Bug auf eine noch ältere Frauenkultur.

Die Wikinger statteten ihre Schiffe mit kunstvollen Verzierungen aus und pflegten sie, als seien sie Lebewesen aus Fleisch und Blut. Ihre Schiffe galten ihnen als edle Pferde, die sie liebten. Die furchterregenden Galionsfiguren am Bug der Schiffe hatten eine wichtige Bedeutung, ihnen wurden magische Kräfte zugesprochen. Nach einem isländischen Gesetz war es Schiffen verboten, „mit maulaufsperrenden Ungeheuern oder klaffenden Drachenschnauzen" Island anzusegeln, damit die guten Land- und Ackergeister nicht erschreckt wurden. Näherten sich die Wikinger in friedlichen Absichten dem Land, dann entfernten sie ihre Galionsfiguren.

Die Wikingerschiffe, auch Schniggen, Skeidhs oder Draken genannt, wurden aus hartem Eichenholz gebaut, soweit es vorhanden war. Die Verzierungen wurden aus Esche geschnitzt, dem Holz des Baumes Iggdrasil, dem Lebensbaum, mit dem nach damaligen Vorstellungen alles verwurzelt war. An den Wurzeln dieses Baumes spannen die Nornen die Fäden der Menschenleben. Diese Göttinnen wurden verehrt, bevor der phallische Gott Thor mit seinem Hammer Einzug in die Kultur der Wikinger hielt. Mit dem Thorkult verkamen die Nornen zu Walküren, zu jenen Wesen zwischen Diesseits und Jenseits, die die verblichenen Helden einsammelten und nach Walhall brachten.

Das reichste wikingische Grab, das je aufgedeckt wurde, das Schiffsgrab von Oseberg, war ein Frauengrab. Die Archäologen vermuten, daß es sich um das Grab der norwegischen Königin Aasa handelt. Welchen Stand diese Frau auch immer gehabt haben mag, sie muß eine Seefahrerin mit einem eigenen Schiff gewesen sein, denn es ist mit ihr begraben worden. Im Leben der Wikinger waren Mensch und Schiff so eng miteinander verbunden, daß sie die Schiffe eines oder einer Verstorbenen entweder mit ins Grab legten oder brennend ins Meer treiben ließen.

Auf den gefürchteten Schiffen, die auf Raubfahrt ausfuhren, befanden sich in der Regel nur Männer. Frauen waren auf den Expeditionsschiffen dabei oder blieben an Land, wo sie uneingeschränkt über die Bewirtschaftung des Familienbetriebs herrschten. Wie überall gab es natürlich auch bei den Wikingern Piratinnen. Die bekannteste war die gotische Prinzessin Alvida, auch Alwilda oder Altilda genannt.

Über Alvida wird erzählt, daß ihr Vater sie in einem hohen Turm gefangenhielt, weil er auf jeden Freier eifersüchtig war. Das Volk sah Alvida immer nur hoch oben auf dem Turm, der von giftigen Schlangen bewacht wurde. Wenn ein Mann in den Turm eindringen wollte, schnellten sie hervor und fügten ihm tödliche Bisse zu. Der Vater stellte die Bedingung: Wer Alvida heiraten wollte, mußte die Schlangen töten. Der Dänenkönig Alf erschlug die Schlangen, stürmte in den Turm, fand aber keine Alvida mehr. Ihre freiheitsliebende und stolze Mutter hatte ihrer Tochter zur Flucht verholfen. Sie besorgte ihr ein Schiff, mit dem Alvida gemeinsam mit ihren Mägden und Hofdamen unbemerkt die Küste verlassen konnte, während Alf die Schlangen niedermetzelte. So wurde Alvida auf ihrem Schiff, zusammen mit den übrigen Frauen, zur Piratin. Als sie einer anderen Gruppe von Piraten begegnete, deren Kapitän gerade gestorben war, wählten diese Alvida zu ihrer neuen Anführerin. Alf segelte wütend hinter seiner rechtmäßig erworbenen „Beute" her, konnte sie aber nicht finden, weil Alvida „keinen Abdruck im Wind hinterlassen hatte", wie Gérard Jaeger in *Les femmes d' abordage* schreibt.

Über Alvida wird berichtet, daß sie unbelehrbar und grausam war, daß sie frei und allein sein wollte. Alle Männer waren ihre Feinde, sie wollte keinen Herrn, der über sie bestimmte. Da sie inzwischen mit ihrer Piraterie den dänischen Handel gefährdete, schickte König Alf eine Expedition gegen sie aus. Alvida wurde bei Finnland aufgestöbert, von der dänischen Flotte eingekesselt und geschlagen. Die

Geschichte endet mit der Heirat von Alf und Alvida, die eine friedvolle glückliche Hausfrau geworden sein soll. Die Piratinnen, die die Schlacht überlebten, sollen ebenfalls dänische Sieger geheiratet haben.

Wörtlich dürfen wir diese Geschichten sicher nicht nehmen, denn abgesehen von der Unwahrscheinlichkeit, daß eine Frau einen Mann heiratet, der ihre Freundinnen und ihre geliebten Schlangen getötet hat, und daß aus einer erfolgreichen Piratin eine glückliche Hausfrau wird, ist es genauso unwahrscheinlich, daß eine Frau, die ihr Leben lang eingesperrt war, plötzlich eine hervorragende Seglerin wird. Die Geschichte kann nur als mythische Erzählung gedeutet werden. Wie im Märchen von Rapunzel kann der Turm als schamanische Ausbildungsstätte verstanden werden, die Schlangen sind Symbole der weiblichen Weisheit. Da die Wikinger nicht selten ihre Schiffe als Schlangen bezeichneten, kann der Turm mit den Schlangen auch für das Lernen vom Umgang mit Wellen und Wind stehen.

In den deutschsprachigen Überlieferungen wurde die Alvida-Geschichte zu einer romantischen Liebesgeschichte verdreht. Sie erzählen, daß Alvida den Dänenprinzen Alf liebte, der bei ihren Eltern um ihre Hand anhielt. Die Mutter verweigerte aber die Erlaubnis zu dieser Verbindung und machte sich über den Dänenprinzen lustig. Alvida war über die Reaktion der Mutter so erbost, daß sie samt ihren Mägden und Hofdamen das Elternhaus verließ. Die Frauen nahmen sich ein Schiff und wurden Piratinnen. Als Alf von dieser Sache erfuhr, bestieg er mit seinen Mannen ebenfalls ein Schiff und jagte hinterher. Er kaperte, wo die Frauen kaperten, und provozierte damit die Piratinnen zum Angriff gegen die ungebetenen Konkurrenten.

Schwülstig beschreibt Hans Leip, wie die Raubschiffe von Alvida und Alf aufeinanderprallen und die beiden Liebenden sich am Ende kriegen: „Das Schwert gezückt, mit flammendem Blondschopf, stand Altilda am Bug, dürstend, ihre Verzweiflung wie noch nie im blutigen Getümmel zu ertränken. Da aber sprang auch Alf auf die Spitze des Bugs und – schon krachte Bootsflanke gegen Bootsflanke – der Geliebten in die Arme und sie ihm, um sich nach soviel überstandener Mühe und Gefahren trotz aller Mütter und Schwiegermütter miteinander zu vermählen."[1] Piraterie als masochistische Kamikaze-Aktion einer unglücklich liebenden Frau – nur so können sich die Männer rasende Frauen erklären.

Eine andere bekannte Wikingerin war die Prinzessin Sela, die Schwester des norwegischen Königs Kolles. Sela, die ebenfalls eigene

Schiffe führte, plünderte gnadenlos die Küsten und die Handelsschiffe auf den atlantischen Gewässern. Ihr größter Feind war ihr Bruder Kolles; ihm stellte sie unerbittlicher nach als allen anderen Gegnern. Einmal hätte sie ihn beinahe erwischt. Kolles, der selbst die Piraterie betrieb, hatte vor, auf einer kleinen Insel vor Norwegen den Herzog Horwendill von Jütland zu überfallen. Sela war ihrem Bruder dicht auf den Fersen, doch sie kam zu spät. Als sie das Kampfgetümmel erreichte, hatte bereits Horwendill den Bruder erschlagen. Im Gemenge fand auch Sela den Tod.

Auch die norwegische Prinzessin und Piratin Rusla war mit ihrem Bruder zerstritten, dem König Tesondus. „Dänenknecht" nannte sie ihn, denn er hatte seine Krone an den Dänenkönig Omund verloren. Rusla nahm dem Bruder übel, daß er sich gegen Omund nicht wehrte, und stattete selbst eine Flotte aus, um gegen die Dänen zu ziehen. Sie mordete und plünderte, was ihr an dänischen Schiffen vor den Bug kam. Eines Tages versenkte sie das Schiff ihres Bruders. Tesondus konnte sich nur mit Mühen schwimmend an Land retten. Er schickte Kriegsschiffe hinter seiner Schwester her, doch Rusla war nicht zu fassen. Da die Schwester nicht zu besänftigen war, rüstete Tesondus sich mit einem riesigen Geschwader zum Kriegszug gegen sie aus. In einem langen erbitterten Kampf wurde Ruslas Schiff durch das ihres Bruders zum Kentern gebracht. Doch während Rusla ihren Bruder hatte an Land schwimmen lassen, setzte er ihr nun mit seinem Schiff nach und ließ sie von den Ruderern erschlagen.

Im Unterschied zu diesen miteinander verstrittenen Geschwisterpaaren verstanden sich die norwegischen Schwestern Russila und Stikla ausgezeichnet. Gemeinsam führten sie einen Piraterieverband an, der hauptsächlich dem holländischen Herzog Hirwitto zu schaffen machte. Sie fielen nicht nur über seine Schiffe her, sondern auch über seine Dörfer. Auch hier wieder werden die Plünderungsaktionen der Frauen mit unerwiderter Liebe erklärt. Es heißt, Russila und Stikla hätten die Besitztümer des Holländers deswegen überfallen, weil sie ihn eigentlich heiraten wollten, er aber nicht. Warum sollten Frauen solche Gründe haben, Piraterie zu betreiben? Vermutlich plünderten die Schwestern aus reiner Lust, Habgier oder Tatendrang.

JEANNE DE MONTFORT – DIE FLAMME

Ein mysteriöser Sturm hat uns vor die Südküste der Bretagne ge-trieben, wo wir zwischen den zerklüfteten Felsen die Dolmen und Menhire erkennen können, die nirgends auf der Welt so zahlreich sind wie hier. Die Bretagne, die noch bis in die Neuzeit als das Durch-gangsland auf dem Weg ins ewige Leben galt, war für die Kelten hei-liges Land. Hier liegt die bereits erwähnte Ile de Sein, die Insel der Windhexen, die von den christlichen Missionaren so gefürchtet war, daß sie sich bis zum 17. Jahrhundert nicht dorthin getraut haben. *Sein* bedeutet Busen oder Schoß. Die Ile de Sein ist nicht die einzige Insel vor der bretonischen Küste, auf der bis vor wenigen Jahrhun-derten ausschließlich Frauen lebten. Eine andere ist die Ile d'Ouess-sant. Sie liegt gegenüber dem Finisterre, dem Ende der Welt. Dort legten die Seefahrenden vor einer weiten Reise nochmals an, um sich von den Frauen den Segen für die Fahrt geben zu lassen. Von der Belle Ile, der Schönen Insel, wird erzählt, daß sie aus der Blüten-kro-ne einer Elfenkönigin entstand, als die Elfen vom Festland vertrieben wurden. Die weit gerühmte Druidinnenschule gibt es hier noch immer, denn wir sind im 14. Jahrhundert.

Das Jahr 1343 ist in Frankreich als das Jahr des Krieges der drei Jeannes bekannt. Zwei dieser Jeannes – alle drei Bretoninnen – waren gefürchtete Piratinnen, die dem König von Frankreich das Leben schwermachten, denn sie kämpften für die Unabhängigkeit der Bretagne. Die dritte, Jeanne de Penthievre, hatte keine Berührungs-ängste mit den französischen Nachbarn. Einen von ihnen hatte sie sogar geheiratet: Charles de Blois, den Neffen des französischen Königs.

Jeanne de Penthievre war die Nichte des kinderlos verstorbenen Herzogs der Bretagne. Er hätte sie gern auf dem Thron gesehen, doch die BretonInnen hatten berechtigte Bedenken gegen sie als Gattin ei-nes Franzosen. Deswegen stritt sie sich mit Jean de Montfort, dem Halbbruder des Herzogs, um die Nachfolge. Nach französischem Recht hätte sie keinen Anspruch darauf gehabt, denn dort galt das salische Gesetz, das die Frauen von der Thronfolge ausschloß. Doch in diesem Fall machten die Franzosen eine Ausnahme und unterstützten sie, denn Frankreich hatte schon lange ein Auge auf das attraktive Herzogtum Bretagne geworfen. Mit der Heirat besiegelten die Bretonin und die französischen Blois ihre gemeinsamen Machtinteressen.

Ihr Gegner, mit dem Jeanne de Penthievre um die Thronfolge stritt, Jean de Montfort, war mit einer der berüchtigten Jeannes verheiratet, die mit aller Gewalt dagegen kämpften, daß die Bretagne in die Hände der Franzosen fiel. Jeanne de Montfort war mit der ebenfalls adligen Piratin Jeanne de Clisson befreundet. Beide Frauen wüteten noch mit unvorstellbarer Zähigkeit gegen die französische Krone, als ihre Männer schon längst tot waren.

Doch auch Jeanne de Penthievre war nicht gerade zart besaitet. Als ihr Mann, der Franzose, in englische Kriegsgefangenschaft geriet, führte sie neun Jahre lang die Truppen an, bis sie ihn befreite mit den Worten: „Mein Herr, ich habe Sie gebeten, mein Erbe zu verteidigen, und nicht, es mir nehmen zu lassen."

England hatte sich 1339 auf die Seite der Bretagne geschlagen. Der bretonische Erbfolgekrieg wurde zum Nebenschauplatz des Hundertjährigen Krieges um die französische Thronfolge, der mit Hilfe einer vierten Jeanne entschieden wurde: Jeanne d'Arc, der Jungfrau von Orléans.

Doch zurück zu Jeanne Nummer eins, Madame de Montfort. Sie wurde gerühmt und bewundert, denn sie war eine ausgezeichnete Reiterin und Lanzenwerferin. „Sie schwang sich auf jedes Pferd weitaus geschickter als jeder Stallmeister. Inmitten einer Schar bewaffneter Männer schlug sie sich wie der mutigste Feldherr; sie kämpfte zu Lande und zu Wasser und verstand sich darauf, einen Schlachtplan zu entwerfen, einen Platz zu behaupten, mit Fürsten zu verhandeln und für alles Notwendige Sorge zu tragen; sie war imstande, eine Belagerung durchzuführen und einer Belagerung standzuhalten und die größten Strapazen zu erdulden", schrieb Bertrand d'Argentré im 16. Jahrhundert.[2]

Wie kommt es, daß in der Bretagne so viele Frauen bekannt wurden, für die das Kämpfen offensichtlich eine Selbstverständlichkeit war? Vermutlich standen unsere Jeannes und viele andere Bretoninnen in der alten keltischen Tradition, eine Kampfausbildung zu absolvieren, um, wenn der Mann außer Gefecht gesetzt wurde, selber zu den Waffen zu greifen. Diesen keltischen Brauch beschrieb bereits Tacitus: Als die Römer über keltische Stämme herfielen und sich dem Sieg nahe fühlten, betraten plötzlich die Frauen das Schlachtfeld und kämpften noch wilder als zuvor die Männer. Der römische Geschichtsschreiber schildert, wie die keltischen Frauen die Männer, die sich vom Kampfgetümmel entfernten, niederschlugen, egal, ob es sich um Bruder, Sohn oder andere Verwandten handelte.

Die BretonInnen, die dafür bekannt waren, daß sie sich gegen jede Fremdherrschaft wehrten, gegen die römische wie die germanische, hielten auch von einer Verbindung mit der französischen Krone überhaupt nichts. Sie wünschten sich den beliebten Jean de Montfort als ihren Herzog. „Madame", hatte er zu seiner Frau Jeanne gesagt, „Ihr werdet Herzogin, oder ich werde mein Leben verlieren." Er verlor sein Leben, nachdem er in Nantes geschlagen und in den Louvre, das berüchtigte Pariser Gefängnis, gebracht worden war, wo er kurze Zeit später an den Folgen der Haft starb.

Jeanne de Montfort ließ ihr Kind nach England in Sicherheit bringen und widmete ihr Leben fortan ausschließlich dem Widerstand gegen Frankreich. In Hennebont, das von den Feinden belagert wurde, zündete sie das französische Lager an. Seitdem hieß sie „Die Flamme". Die Franzosen gewannen und nahmen die Bretonin gefangen. Die Engländer schickten Truppen, eroberten Hennebont zurück und befreiten „die Flamme". Jeanne de Montfort ging nach England, bedankte sich für die Hilfe und verbrachte den Winter mit der englischen Königin, wie Bertrand d'Argentré berichtet. In Messire Robert d'Arrois fand sie einen Verbündeten, rüstete mit seiner Hilfe eine Flotte aus und ging damit in See.

Der König von Frankreich fluchte, diese Montfort gehöre zurück an die Spindel. Jean de Blois rüstete über 4000 Soldaten aus und machte sich mit ihnen auf in den Kampf gegen „die Flamme". In der Passage an der Kanal-Insel Guernesy warteten zweiunddreißig französische Schiffe auf Jeanne de Montfort. Angeführt wurden sie von Ludwig von Spanien, der sich inzwischen mit Frankreich verbündet hatte.

Als Jeanne de Montfort mit ihren Schiffen in die Passage fuhr, entbrannte die Schlacht. „Es ist nicht bekannt, daß sich jemals so viele Waffen gegenüberstanden, und niemals gab es solch einen wilden Kampf. Und was die Dame betrifft: Sie war dabei und bot dem Feind ihre Stirn, die Waffen in der Faust setzte sie ein, wie es keiner der Soldaten geschafft hätte", schildert d'Argentré mit unverhohlener Bewunderung.

Die Überlieferungen über das Ende dieses Gemetzels hören sich sehr mysteriös an. Als es Abend wurde, begannen plötzlich die Winde

zu heulen, und ein gewaltiges Unwetter kündigte sich an. Der Sturm trennte die Schiffe und trieb sie in verschiedene Richtungen. Als er vorüber war, schwammen die französischen und spanischen Schiffe auf dem Kanal, fünfzig Meilen von dem Ort entfernt, wo die Schlacht stattgefunden hatte. Die Schiffe der Jeanne de Montfort trieben in

Richtung bretonische Küste und landeten bei Vannes, wo „die Flamme" mit ihren Leuten bei FreundInnen Unterschlupf fand. Die Chronisten sprechen von einem „willkommenen Zufall". Was für ein Zufall: Vom Ärmelkanal treibt Jeanne de Montfort, die in der Schlacht vier Schiffe und viel Munition verloren hatte, an die Südküste der Bretagne und landet ausgerechnet an einem Ort, wo sie Unterschlupf findet. Mit Hilfe der Elemente war es ihr gelungen, einem Gemetzel gegen eine überlegene Flotte zu entkommen.

Auch Jeanne de Clisson entging, laut Überlieferung, durch einen plötzlich aufkommenden Sturm den Fängen der Franzosen, wie wir noch erzählen werden. Waren das wirklich Zufälle? Oder hatten vielleicht die Priesterinnen der Ile de Sein ihre Finger im Spiel? Waren gar die beiden Jeannes der Winde mächtig? Oder ist hier einfach mal wieder – wie bei den Amazonen – von den Geschichtsschreibern verdrängt worden, daß die beiden Frauen ausgezeichnete Seglerinnen waren, die über die Wellen des Atlantik ans Ziel kamen, während die mächtige französisch-spanische Flotte fortgetrieben wurde?

Jeanne de Clisson – die Löwin der Bretagne

Der Winter des Jahres 1343 hat bereits die bretonische Nordküste erreicht. Einige Meilen vor dem Hafen von Morlaix schaukelt ein winziges Rettungsboot auf den Wellen. Der eiskalte Wind bläht das kleine Segel. In der Barke sitzt eine Frau mit zwei Kindern. Der siebenjährige Junge hält seinen kleineren Bruder fest, der leblos, mit weißen Lippen und geschlossenen Augen in seinen Armen liegt. Seine Mutter hält das Ruder. Sie heißt Jeanne de Clisson.

„Halt ihn gut fest, deinen kleinen Bruder, Olivier", sagt sie zu dem größeren, „und halt ihn warm. Er schläft. Wir haben es bald geschafft. Bald wird die bretonische Küste in Sicht sein. Es wird auch Zeit. Seit sechs Tagen und sechs Nächten sind wir unterwegs."

„Mein Durst ist so groß, ich halte es bald nicht mehr aus. Ich spüre meine Hände nicht und meine Ohren", entgegnet das Kind.

„Ich weiß, es ist ein kalter Wind, der uns die Luft abschneidet, aber er treibt uns an die Küste, die wir suchen. Siehst du, die Wellen glätten sich, und wir werden immer schneller."

„Warum sind wir nicht in England geblieben?" fragt der Junge.

„Das geht nicht, das weißt du doch, mein Sohn. Wer sonst soll noch gegen die Franzosen kämpfen, wenn nicht wir? Ich und meine Freundin Jeanne de Montfort?"

„Aber Madame de Montfort hat ihr Kind in England gelassen. Warum habt Ihr uns Kinder nicht auch am Hof der Königin gelassen?" beharrt der Junge.

„Weil ich euch bei mir haben wollte. Außer euch beiden, dir und deinem Bruder, habe ich niemand mehr. Dein Vater ist tot. Olivier de Clisson, nach dem du benannt bist, er mußte an den Galgen, weil er für die Freiheit der Bretagne war. Erinnerst du dich, in Nantes, wie er vor aller Augen gehängt wurde, draußen vor der Porte Sauve-Tout? Ich wischte euch die Tränen ab und sagte: Seht genau hin, und vergeßt nie, was ihr hier seht!"

„Seit er tot ist, wird unser Leben jeden Tag schlimmer."

„Ja, der Tag seines Todes hat unser Leben verändert. Denn ich beschloß, den Kampf fortzuführen, den Kampf für die Freiheit der Bretagne. Kein Franzose sollte mir noch mal unter die Augen kommen, ohne daß er es bereuen sollte. – Der Wind wird stärker, ich muß die Segelfläche verkleinern."

Während sie mit einer Hand das Segel herunterläßt, um es einzuwickeln, fährt sie fort: „Der Franzose aus dem Nachbarschloß war mein erstes Opfer. Du hättest sehen sollen, wie er geguckt hat, als ich die Klinge zückte. Da kommt die arme Madame de Clisson, die leidgeprüfte Witwe, hat er vermutlich gedacht, als er mich und meine Eskorte über die Zugbrücke seines Schlosses reiten sah. Und dann stach ich so schnell zu, daß er nicht einmal Zeit hatte, einen Schrei loszulassen, und vermutlich hat er sein scheinheiliges Lächeln, mit dem er mich begrüßen wollte, mit ins Grab genommen. Wir haben das gesamte Gefolge getötet und das Schloß leergeplündert."

Der kleine Olivier starrt übers Meer.

„Bald hatte ich genug erbeutet, um mir das erste Schiff zu kaufen. Meine Juwelen legte ich dazu. Die Rahen der schnellen Brigantine bezahlte ich mit edelsteinbesetzten Ketten. Die Fock, die Segel und den Bug mit Ringen, Perlenkreuzen und mit der Goldrose, die ich bei festlichen Gelegenheiten im Haar trug. Die Spange schenkte dein Vater mir, als dein Bruder geboren wurde. Erinnerst du dich, Olivier?"

„Warum mußten wir Kinder immer mit aufs Schiff?"

„Das wirst du verstehen, wenn du groß bist. Wenn du als freier Bretone auf den wunderschönen roséfarbenen Felsen von Perros-Guirrec stehst und über den Atlantik blickst, dann wirst du sagen können: Auf diesem Meer haben wir die Franzosen geschlagen. Oder im Süden, am Ufer der Loire, wirst du stehen und stolz sagen: Meine Mutter brauste mit uns auf ihrem Schiff die Loire auf und ab und überfiel alle, die französischer Gesinnung waren. Sie fuhr weit ins Landesinnere hinein, zerstörte Scheunen und Kapellen, und ich war immer dabei. Sie wurde ‚Löwin der Bretagne' genannt. Sie hat verhindert, daß die Bretagne eine französische Provinz wurde. Und sie hat..."

„Was ist das, eine französische Provinz?" unterbricht Olivier ihre Rede.

„Wenn die Bretagne französisch wird, bedeutet das, daß wir unsere bretonische Sprache nicht mehr sprechen, unsere Sitten und Gebräuche nichts mehr gelten und daß der König weit weg in Paris über uns bestimmt. In den Häfen liegen französische Schiffe, und wir müssen Abgaben zahlen, damit der König jeden Tag mit goldenem Besteck Gänseleber essen kann."

„Essen, etwas zu essen, und wenn es nur ein Stückchen Brot wäre..."

Jeanne überhört die Worte des Kindes. „Sie hat mich und meinen Bruder auf ihrem Schiff mit über den Ärmelkanal genommen, wirst du erzählen, wenn du groß bist, wo wir am englischen Königshof aufgenommen wurden und neue Schiffe geschenkt bekamen. Mit drei Schiffen plünderte sie erbarmungslos. Das Entern französischer Schiffe wurde ihr Tagwerk, der Seekampf ihre Spezialität. Das wirst du erzählen können, ohne zu übertreiben, Olivier. Und jedesmal, bevor sie ein Schiff verließ, machte sie ein Kreuzzeichen und rief: Nieder mit Frankreich, Tod den Blois!"

Die Barke rast mit hoher Geschwindigkeit über das Meer.

„Der König hatte keine ruhige Minute mehr. Wer hätte das gedacht? Die vornehme Madame de Clisson, die aussah, als ob sie kein Wässerchen trüben könnte, ist Piratin geworden. Wie die legendäre Melusine, die sich in ein gefährliches Monster verwandelte: halb Frau, halb Reptil.. Jeanne de Clisson und Jeanne de Montfort, zwei Frauen überfallen Schiffe und Schlösser der Franzosen."

„Wie weit ist es noch? Ich will nach Hause."

„Nach Hause? Es gibt kein Zuhause mehr für uns. Der König hat mich mit dem Bann belegt. Dieser Schuft hatte mich nach Paris eingeladen. Sollte ich denselben Fehler machen wie dein Vater? Ihn hatten sie nach Paris gelockt, um den Friedensvertrag von Malestroit zu feiern. Und dann haben sie ihn verhaftet und als Verräter umgebracht. Ich bin doch nicht verrückt. Nein, ich bin nicht nach Paris gegangen. Das machte den König natürlich wütend, und er schickte Truppen, um unser Schloß zu belagern. Tagelang standen die Franzosen vor dem leeren Schloß, bis an die Zähne bewaffnet, ohne zu bemerken, daß wir längst fort waren. Nein, Olivier, in unser Schloß können wir nicht zurück. Das ist sicher schon von französischen Truppen beschlagnahmt. Aber wir werden irgendwo unterkommen. Es gibt Menschen, die uns helfen. Das weiß ich. Und es wird uns gut gehen. Es dauert nicht mehr lange."

„Mein Bruder fühlt sich so kalt an. Und mir wird auch immer kälter."

„Denk an etwas anderes, Olivier, denk an etwas Schönes. An die warme Kajüte vielleicht auf unserem Schiff."

Jeanne beugt sich über ihre Kinder, um die Fockschot dichter zu nehmen. „Das schöne warme Nest auf unserem Schiff. Weißt du noch, Kapitänsschloß nannten wir dieses Häuschen an Deck. Dort wart ihr zu Hause, seit ich Piratin geworden war. Nach jeder Schlacht kam ich zu euch und erzählte euch, was passiert war. Ich nahm euch in die Arme und war glücklich, daß wir alle noch lebten."

„Dann habt Ihr mit uns gebetet und uns Schlaflieder vorgesungen", erinnert sich das Kind und beginnt, dem leblosen Bruder mit dünner Stimme ein Lied zu summen.

„Die letzte Schlacht, Olivier, die ging schlecht aus für uns. Du warst in der Kajüte mit deinem Bruder. Die Franzosen waren schon die ganze Zeit hinter uns her, bis an die Zähne bewaffnet. Irgendwann kamen wir auf die Idee, ihr Hauptschiff zu entern. Wir waren schon längsseits des Schiffes, da hißten diese Feiglinge plötzlich das Focksegel, um sich aus dem Staub zu machen. Doch ihr Bug verfing sich in den Tauen unseres Schiffes und stieß mit voller Wucht in seinen Rumpf. Wir konnten es nicht mehr manövrieren. Die Masten kippten um, genau in Richtung des französischen Schiffes, und mit den verwickelten Leinen wurden sie zur Brücke für die Franzosen. Über diese Brücke kamen sie leicht auf unser Deck. Sie begannen ein fürchterliches Gemetzel. In dem Moment brach ein wahnsinniger Sturm los. Vielleicht war er unsere Rettung. Denn es wurde stockfinster, so daß niemand sah, wie ich das kleine Boot herunterließ, erst dich und deinen Bruder hineinsetzte, dann stieg ich selbst ein, und wir machten uns auf den Weg."

Plötzlich hält sie inne, fixiert eine Weile den südlichen Horizont und ruft dann: „Sieh mal, der Streifen dort! Das ist Land, schau her, wir haben es geschafft!"

armes de Clisson

Tatsächlich erreichte Jeanne de Clisson den Hafen von Morlaix an der Nordküste der Bretagne. Mit letzter Kraft passierte sie die enge Hafeneinfahrt. Das gelang nur sehr guten SeglerInnen, denn in den Hafen von Morlaix, der heute durch einen Staudamm geschützt ist, konnten die Schiffe früher wegen der starken Gezeiten nur bei Flut einfahren. Gefährliche Klippen und Riffe erschwerten die Einfahrt noch mehr.

Jeanne de Clisson ging an Land. Ihr jüngerer Sohn war tot. Sie und der kleine Olivier fanden Zuflucht in einem Schloß in Morlaix, das zum Besitz der Jeanne de Montfort gehörte. Die Piratin, die Flotten vernichtet und ganze Landstriche verwüstet hatte, setzte sich zur Ruhe. Sie besaß nichts mehr, ihre Güter waren konfisziert, die Bretagne war ausgeblutet.

Im Jahr 1463 verschwand sie von der Bildfläche und überließ das Feld ihrem Sohn, der inzwischen mit dem Sohn von Jeanne de Montfort zusammen ausgebildet worden war. Doch Olivier de Clisson schlug sich später auf die Seite derer, die seine Mutter so erbittert bekämpft hatte. Er wurde Gefolgsmann von Karl dem Verrückten, dem neuen König von Frankreich. Zum Andenken an seine Mutter gründete er den Orden des weißen Hermelin.

Die „Löwin der Bretagne" ist die berühmteste Piratin Frankreichs geworden. In allen Piratenbüchern taucht sie auf. Einige beschreiben sie mit bewunderndem Schauder als wilde Furie, andere vergleichen sie mit einem Meeresungeheuer oder schreiben ihr mystische Kraft zu. „Wie sie so dasteht, die Haare zerzaust, sieht sie aus wie eine Amazone der Eisenzeit", schreibt Françoise d'Eaubonne, „eine Keltin wie Botizea, die Königin der Pikten, die die römische Flotte angriff. Ihre Augen sprühen Blut, und so erscheint die Madame mit dem in der Taille geschnürten Rock, das Beil in der Faust, eher als eine Todesgöttin denn als eine Spinnerin und Sängerin von Wiegenliedern, die aufgetaucht ist aus den Fluten, um Schädel zu spalten und Brüste zu durchbohren."[3]

AUF DEN SPUREN DER FOLKA TEN BROKE
Das Rätsel um Störtebekers Frau

1. Station: Marienhafe

Marienhafe im 20. Jahrhundert: ein aufgeräumtes Städtchen in Ostfriesland. Rote Backsteinhäuser mit schneeweißen Fensterrahmen stehen in ordentlich gepflegten Gärten. Die Störtebeker-Teestube, die Störtebeker-Boutique und die zahlreichen Andenken mit dem vermeintlichen Bild des berühmten Piraten erinnern daran, daß vor langer Zeit in diesem Ort die Welt nicht so in Ordnung war, wie sie heute zu sein scheint.

Marion war schon oft hier. Mit ihrem alten VW-Bus hatte sie Ostfriesland durchquert und nach Spuren von Störtebekers Frau und anderen Frauen gesucht, die hier etwas mit Piraterie zu tun hatten. Jetzt sitzen wir vor der Marienkirche mit dem klotzigen mittelalterlichen Turm.

Ulrike: Warum heißt dieser Turm Störtebekerturm?

Marion: Weil von diesem Turm behauptet wird, und das ist auch belegt, daß Klaus Störtebeker und seine Piraten hier einen Unterschlupf hatten.

Ulrike: Was haben die hier gemacht, haben die hier gewohnt, in einem Kirchturm?

Marion: Ja, in dem Kirchturm haben die gewohnt.

Ulrike: Und wo sind die auf die Toilette gegangen?

Marion: Die Situation mit den sanitären Anlagen war in den alten Burgen – und dieser Kirchturm ist ja gebaut wie eine Burg – so geregelt, daß die einfach aus dem Fenster rausgemacht haben. Eine Toilette innerhalb der Burgen gab es nicht.

Ulrike: Auch aus einem Kirchturm?

Marion: Ich glaub' kaum, daß es jemand gestört hat, die Leute damals wußten ja, daß sie sich nicht an so eine Burgwand stellen durften, und auf diesem Marktplatz hier liefen auch nicht viele herum. Dieser Turm ist eigentlich gebaut worden, weil Marienhafe ein Bistum werden sollte, aber es haben sich nie genug Leute gefunden, die hier siedeln wollten, und deswegen ist auch kein Bischof gekommen. Aber diese riesige Kirche war bereits gebaut worden, und weil sie dann leer stand, haben hier die Piraten Unterschlupf gefunden.

Ulrike: Aber hier ist doch überhaupt kein Meer, das ist doch fünf-
zehn Kilometer von hier entfernt.

Marion: Ja, aber damals, Ende des 14. Jahrhunderts, war hier noch
Meer, oder zumindest eine Zufahrt vom Meer her. Hier war noch ein
Hafen, weshalb das Städtchen auch Marienhafe heißt. Aber dieser
Kirchturm hier direkt am Wasser, der war nicht bewohnt, und deshalb
haben die Likendeeler hier auch Unterschlupf gefunden.

Ulrike: Wer waren denn die Likendeeler?

Marion: Likendeeler wurden die Leute genannt, die Piraterie gemacht haben gegen die Hanse, das heißt zunächst für die Hanse. Die
hatten Kaperbriefe von den Hansestädten Rostock und Wismar ausgestellt bekommen, um Stockholm, das belagert wurde von der Königin
Margarete von Schweden, mit Lebensmittel zu versorgen. Eigentlich
hießen sie Vitalienbrüder, das kommt von dem Wort Viktualien, Lebensmittel, das wurde dann verschliffen zu Vitalienbrüder. Aber die
haben das dann sehr frei gehandhabt, die politischen Konfliktsitua-
tionen waren denen ziemlich egal, sie wollten halt Piraterie machen,
und das haben sie auch getan mit den Schiffen, die sie von der Hanse
bekommen hatten. Likendeeler, das war der Name, den sie später
bekamen, weil sie ihre Beute zu gleichen Teilen unter sich aufteil-
ten, egal ob Kapitän oder Smutje. Das haben sie „gliken deel" genannt.
Daraus wurde dann „Likendeel".

Ulrike: Welche Bedeutung hatte die Hanse damals?

Marion: Die Hanse war seit dem 12. Jahrhundert ein Zusammen-
schluß von reichen Patriziern, von Händlern. Es waren Kaufleute, die
mit ihren Handelschiffen Waren entweder eingekauft oder verkauft
haben. Die Hanse war ein Schutzbund, eine Genossenschaft, die später zur Städtegemeinschaft wurde.

Ulrike: Warum war die Hanse so unbeliebt beim Volk?

Marion: Ungerecht war, daß die Matrosen, oder die Leute, die auf
den Schiffen der Hanse gearbeitet haben und da rumschippern mußten,
kaum Lohn bekommen haben und daß sie unter sehr schlechten und
schwierigen Bedingungen gearbeitet haben und gar nicht in der Lage
gewesen wären, zum Beispiel eine Familie zu ernähren. Der Lohn
reichte gerade, um selber einigermaßen leben zu können. Die konnten
praktisch nur auf dem Schiff leben, allerdings sehr schlecht. Die Hanse
hat die ganzen kleinen Reedereien kaputt gemacht und den kleinen
Fischhandel, weil die Hanse in größeren Mengen und somit billiger
einkaufen und verkaufen konnte, und das war für die Bauern in Ost-

friesland sehr schlecht. Dadurch wurden sie noch ärmer, als sie eh schon waren, weil sie gar keine Absatzmöglichkeit mehr hatten.

Ulrike: Und die Piraten haben im Auftrag dieser Hanse gearbeitet?

Marion: Zunächst ja. Sie haben von der Hanse Schiffe bekommen. Störtebeker war höchstwahrscheinlich einer von denen, die zunächst für die Hanse gearbeitet haben, die dann aber freie Piraterie gemacht haben und sich unterstützen ließen von denen, die sie eben gerade bezahlt haben, oder wo sie Unterschlupf gefunden haben. Hier in Marienhafe war es die Familie ten Broke, die Störtebeker und seine Leute unterstützt hat.

Ulrike: Und warum haben die die unterstützt?

Marion: Das waren Bauernhäuptlinge, die dauernd Fehden hatten mit anderen Bauernhäuptlingen.

Ulrike: Was sind Bauernhäuptlinge?

Marion: Sie waren die Sprecher der Bauern. Die sind irgendwann mal gewählt worden.

Ulrike: Die sind demokratisch gewählt worden, im Mittelalter?

Marion: Ja, das ist richtig. Durch diese Wahl wurde eine Familie eine höher gestellte Familie, und die Regierungsberechtigung wurde dann vererbt. Weil diese Häuptlinge untereinander sehr zerstritten waren, hatten sie ein großes Interesse daran, die Likendeeler für sich zu gewinnen, damit sie Verstärkung hatten gegen andere Bauernhäuptlinge. Sogar einzelne Dörfer haben gegeneinander gekämpft. Ewig gab es irgendwelche Streitereien und Kriege in Ostfriesland.

Ulrike: Das wundert mich. Sonst wird Störtebeker als Held dargestellt, der gegen die böse Hanse und für die guten armen Bauern gekämpft hat.

Marion: Ja, da sind natürlich unheimlich viele Legenden und Sagen draus gemacht worden. Was ganz bestimmt so war: daß er in seinen Reden natürlich die Ungerechtigkeit der Hanse angeprangert hat.

Ulrike: Es ist aber Legende, daß Störtebeker eine Art Robin Hood war?

Marion: Ja, es ist sehr viel dazuerfunden worden, ihm sind sehr oft edle Züge angedichtet worden. Wir können nicht nachweisen, ob er die tatsächlich hatte. Es ist natürlich möglich, daß er auch wirklich ein Robin Hood war, aber historische Beweise dafür gibt es nicht, und das Volk, das froh ist, einen zu haben, der für sie spricht, dichtet natürlich gern irgendwas dazu und sagt, das war einer, der hat uns wirklich unterstützt. Aber historisch belegt ist es nicht.

Ulrike: Was hat Störtebeker konkret gemacht als Pirat?

Marion: Der hat Schiffe der Hanse überfallen. Das ist eine ganz klare Sache, das waren immerhin die reichsten Schiffe, und er hat die Hanse durch seine Kaperzüge ganz ordentlich geschädigt. Diese Verbindung mit den Bauern, gut möglich, daß das wirklich eine Solidarität war, aber andererseits hat er die auch ganz dringend gebraucht, um überhaupt in Häfen anlegen zu können, denn er hat natürlich Leute gebraucht, die ihn unterstützen, die die Ware verscherbeln lassen und die ihm Schutz gewähren, und da waren die Bauernhäuptlinge eben goldrichtig. Und die waren – wie gesagt – auch interessiert an den Likendeelern, weil sie in ihnen auch eine Unterstützung gegen andere Bauernhäuptlinge hatten. Diese Bauernhäuptlinge, also auch die ten Brokes, die Störtebeker und seine Leute unterstützt haben, kamen ordentlich in Konflikt mit der Hanse.

Ulrike: Dieser Turm hier in Marienhafe, gehörte der auch den ten Brokes?

Marion: Ja, der gehörte zur Gemarkung des Brookmer Landes, der Gemarkung der ten Brokes. Und er eignete sich natürlich ganz hervorragend, denn das ist ja ein sehr großer, mächtiger und geräumiger Turm, da hatten sie schon alle gut Unterschlupf und natürlich auch gleich den Weg zur See und einen wunderbaren Ausblick, durch die Höhe des Turms.

Ulrike: Und da gibt's auch einen Schatz oder was?

Marion: Also ich glaub' ja nicht an den Schatz, weil mit diesen Schätzen, das ist so 'ne Sache. Dauernd werden irgendwelche Piratenschätze gesucht. Die Piraten haben natürlich riesige Beute gemacht, ganz egal in welcher Piraterie, aber die haben ja auch immer gleich alles verpraßt, es gab ja kaum irgendeine Organisation, die einen so hohen Umsatz hatte und auch so 'ne große Verschwendung wie in der Piraterie. Was gekapert wurde, wurde sofort umgesetzt und festgemacht, verschleudert zum Drittel des Preises oder verschenkt. Wenn die einen Schatz gehortet haben, dann höchstens eine kleine Schatzkiste, die sie vielleicht gebraucht haben, um ein neues Schiff zu erwerben. Aber selbst daran glaub' ich nicht bei den Likendeelern, denn die Schiffe bekamen sie eigentlich durch die Kaperung, indem sie einfach ihre alten Schiffe dann ausgewechselt haben durch bessere Schiffe.

Ulrike: Wie groß ist denn, es ist ja nichts bekannt, die Möglichkeit, daß auf diesen Piratenschiffen auch Frauen waren?

Marion: Oh, das ist schwer zu sagen. Wenn Frauen drauf waren, dann bestimmt verkleidet, in Männerkleidern. Hans Leip hat in seinem Roman *Godekes Knecht* geschrieben, daß sogar eine Begine an Bord gewesen sei. Das ist wahrscheinlich eine Erfindung von Hans Leip, der allerdings sehr viel von Geschichte verstanden und das beste deutschsprachige Werk über Piraterie geschrieben hat. Daß Beginen oder Klosterfrauen an Bord waren, das ist nicht unwahrscheinlich, denn die hatten als Novizinnen Unterricht in Astronomie, was wichtig ist zur Navigation, und Hans Leip hat das so in seinem Roman verarbeitet, daß eine Begine die Navigation gemacht hat. Es ist auch bekannt, daß diese Wanderbeginen sich in politische Dinge eingemischt und speziell die Likendeeler unterstützt haben. Aus der Forschung über Klöster und Beginenkonvente wissen wir, daß die sich oft in politische Angelegenheiten mischten, wenn sie nicht sogar schon von Gründung an mit ihnen verwoben waren. In den Klöstern waren Bildung, Reichtum und ein großer Teil der Macht.

Ulrike: Wie war denn die Stellung der Frau in Ostfriesland im Mittelalter?

Marion: Ja, das ist genauso schwierig, weil es dazu so gut wie keine Unterlagen gibt. Eines ist gesichert: daß die Frauen mindestens so hart gearbeitet haben wie die Männer und entsprechend angesehen waren, daß sie das Hausrecht hatten, also die Schlüsselgewalt innerhalb des Hauses, und auch die ganze organisatorische Tätigkeit gemacht haben.

Ulrike: Was bedeutet Schlüsselgewalt?

Marion: Das bedeutet, die Macht über alle Räume des Besitzes zu haben. Zu bestimmen, wann welcher Raum aufgeschlossen oder abgeschlossen wird und wer 'reindarf oder nicht. Eine alte Ostfriesin hat mir mal erzählt, die Ostfriesenwitze wären nicht umsonst aufgekommen, als die Historiker oder Besucher durch die Lande zogen und die Leute nach ihren Standpunkten und Gewohnheiten befragt haben. Sie hätten nur die Männer gefragt, und die hätten überhaupt keine Ahnung gehabt, weil sie entweder auf dem Feld oder auf See waren. Dann kamen diese Männer den Landeskundlern eben sehr einfältig und dumm vor, aber sie haben ja nicht die Frauen gefragt, die ihnen anders hätten antworten können, weil die sich wirklich im Leben ausgekannt haben. Aber erforscht ist dieses Gebiet nicht, und mir ist auch schon gesagt worden, das wäre auch nicht zu erforschen, weil die Frauen in den Akten überhaupt nicht erfaßt wurden.

Ulrike: Das spricht ja schon für sich selbst.

Marion: Die Stellung der Frauen heute in Ostfriesland ist ja ziemlich miserabel. Im Rettungssanitätsdienst zum Beispiel gibt es keine einzige Frau, während in anderen Bundesländern längst Rettungssanitäterinnen ausgebildet werden. Die Arbeitsämter und Gewerkschaften in Friesland konnten 1990 bestätigen, daß die meisten berufstätigen Frauen in ungeschützten Arbeitsverhältnissen arbeiteten, das heißt ohne Krankenversicherung und soziale Absicherungen. Das heutige friesische Frauenbild entspricht dem Frauenbild aus dem 19. Jahrhundert. Die Frau ist nur als Mutter und verheiratet denkbar, und wenn sie nebenbei arbeitet, ist sie beim Mann mitversichert. So ist es auch kein Zufall, daß unter den Sozialhilfeempfängerinnen in Ostfriesland alleinstehende Mütter den höchsten Prozentsatz ausmachen.

2. Station: Das Steinhaus in Bundehee
Das alte Steinhaus an der Straße zwischen Bunde und Bundehee ist nicht leicht zu finden. Hinter Buchen und Fichten, verdeckt von einem Anbau aus dem 18. Jahrhundert, erkennen wir es erst, nachdem wir drei- oder viermal daran vorbeigefahren sind. Eine Nachbarin bestätigt uns, daß wir das Haus der ten Brokes vor uns haben. Die Gebäude sind bewohnt, erklärt sie verständnislos, obwohl der alte Teil mit den hohen Räumen bestimmt schwer zu heizen ist. Jetzt wohnt dort ein Musikprofessor mit seiner Frau. Im Reiseführer steht etwas von einer Orgel-Akademie.

Marion: Dieses alte Steinhaus soll schon zur Zeit der Wikinger hier gestanden haben. Diese Eisenringe zeugen davon. Hier sollen sie ihre Schiffe befestigt haben.

Ulrike: Aber ten Brokes gab es damals noch nicht?

Marion: Nein. 1309 taucht in den Nordener Annalen erstmals die Familie ten Broke als Häuptlingsfamilie auf. 1427 endete ihre Herrschaft durch eine Häuptlingsfehde, in der der letzte Häuptling geschlagen wurde. Daß sie an der Macht waren, zeigt sich darin, daß sie Steinhäuser besaßen. Gewöhnliche Bauern durften keine Steinhäuser bauen oder besitzen, das war im Gesetz verankert. Die mußten in Lehmhütten wohnen, die nicht höher als dreizehn Fuß sein durften. Und die Steinhäuser, das waren damals regelrechte Burgen. Das sieht zwar aus hier wie ein ganz normales riesiges Haus, aber die Wände sind einen Meter fünfzig dick, und da konnten sich natürlich alle Bauern verschanzen, wenn sie Fehden hatten mit irgendwelchen anderen Dörfern und anderen Bauernhäuptlingen.

Ulrike: Und in diesem Haus hat die legendäre Folka ten Broke gelebt?

Marion: Das ist nicht erwiesen, weil den ten Brokes mehrere Häuser und Schlösser gehörten.

Ulrike: Wie bist du dann ausgerechnet auf dieses Haus gekommen?

Marion: Weil ich gehört habe, daß in diesem Haus eine Frau spukt. Und weil ich über diese Folka ten Broke keine historischen Unterlagen fand, dachte ich, vielleicht spukt sie ja hier.

Ulrike: Wer war denn diese Folka ten Broke?

Marion: Folka ten Broke war laut Legende mit Störtebeker verheiratet. Es wird erzählt, daß sie in Marienhafe die Schätze hortete oder daß sie mit auf dem Schiff war und sich an den Kaperzügen beteiligte. In vielen Legenden, Theaterstücken und Romanen kommt sie vor. Und das Verrückte ist: In historischen Quellen ist sie nicht aufzufinden. Sie soll die Tochter des Kenno ten Broke gewesen sein, der sie angeblich mit Störtebeker verheiratet hat. Aber im Stammbaum taucht sie nicht auf. Kenno hatte zwei Töchter, von denen keine Folka hieß. Sie waren zu Störtebekers Zeiten drei oder vier Jahre alt. Dennoch ist es möglich, daß Kenno eine seiner Töchter mit Störtebeker verheiratet hat. Es handelte sich sowieso um eine Scheinehe.

Ulrike: Was war der Sinn dieser Scheinehe?

Marion: Die ten Brokes machten ja, wie gesagt, gemeinsame Sache mit den Likendeelern. Und ein Ehebund war in Ostfriesland ein ganz wichtiger Bund. Man konnte nicht einfach heiraten und sich aus dem Staub machen. Ehe war mehr als ein Sakrament im christlichen Sinne, ein Familienclan war eine Gefolgschaft, die durch keinen Vertrag ersetzt werden konnte.

Ulrike: Welches Interesse konnte Störtebeker an so einer Ehe haben?

Marion: Er bekam damit das Recht, in jedem Hafen anzulegen, der zur Gemarkung der ten Brokes gehörte. Ob da eine Burg war oder ob da andere Bauern waren, er hätte auf jeden Fall überall die Berechtigung gehabt, anzulegen.

Ulrike: Waren denn Kinderehen üblich damals?

Marion: Es gab Kinderehen zwischen Grafschaften und Herzogtümern im 17. Jahrhundert in Ostfriesland, ebenfalls um Bündnisse zu festigen. Möglicherweise wurden auch schon im 14. Jahrhundert Kinder dafür benutzt. Eine Heiratsurkunde gibt es jedoch nicht. Hoffen wir, daß es sie nicht gegeben hat, denn, Scheinheirat hin oder her, ob Störtebeker, Robin Hood oder nicht, jedenfalls nicht auszudenken, so eine Heirat zwischen einem vierjährigen Mädchen und einem erwachsenen Mann.

Ulrike: Diese Folka ten Broke taucht also nur in mündlichen Überlieferungen auf, aber nirgendwo in Dokumenten?

Marion: Genau. Im Familienstammbaum gibt es sie nicht. Vielleicht wurde sie gestrichen. Es gibt Fälle von Frauen, die aus dem Stammbaum gestrichen wurden, weil sie irgend etwas getan hatten, das gesellschaftlich nicht tragbar war. Wir wissen ja gar nicht, wie viele Frauen vielleicht gestrichen worden sind, denn sie sind in den historischen Dokumenten auf ewig verschwunden. Lediglich in Legenden oder Spukgeschichten bleiben sie erhalten.

Ulrike: Es gibt doch eine Folka, die in den Quellen belegt ist.

Marion: Das ist Foelkeldis Kampena. Sie wurde Quade Foelke genannt, denn sie war die grausamste Frau Ostfrieslands. Sie war die Mutter von Kenno ten Broke, der sich dauernd dafür verantworten mußte, daß er die Likendeeler an die ostfriesischen Ufer geholt hatte. In Wirklichkeit hat das seine Mutter getan, denn er war zu der Zeit, also am Ende des 14. Jahrhunderts, noch minderjährig, und sie regierte für ihn. Aber auch als er volljährig war, fragte er sie um Rat und gehorchte ihr. In den Dokumenten erscheint immer nur Kenno als Verhandlungspartner der Hanse, aber es gibt in einer Akte einen Hinweis darauf, daß er immer erst seine Mutter fragte.

Ulrike: Warum heißt die denn die grausamste Frau von Ostfriesland?

Marion: Sie hat zwei Dinge gemacht, die so furchtbar waren, daß die Geschichtsschreiber sich nicht vorstellen konnten, daß eine Frau zu so etwas in der Lage war. Sie hat zwei Feinde ihres Mannes, der erdrosselt worden war, in einem Schloßverlies verhungern und die Leichen verscharren lassen. Das war schon schlimm, aber noch viel schlimmer war die Geschichte mit ihrer Tochter, der Ocka ten Broke. Die war verheiratet mit so 'nem Typ, mit dem sie dauernd Streit hatte, und dieser Mann hat sie erschlagen.

Ulrike: Die Tochter?

Marion: Die Tochter, ja, und dann hat die Quade Foelke ihre Bauern zusammengetrommelt und die Burg ihres Schwiegersohns

gestürmt, der sich zwischenzeitlich zu seinem Vater geflüchtet hatte. Dann hat sie beide, ihren Schwiegersohn und den Vater, aus der Burg rausholen und köpfen lassen. Deshalb bekam sie dann den Namen Quade Foelke. Was eigentlich die böse oder die schlechte Foelke heißt, aber quade kann auch die listige oder gewitzte heißen.

Ulrike: Was hatte die denn eigentlich mit Störtebeker zu tun?

Marion: Nun, sie hat die Bündnisse mit den Piraten gemacht, sie war eigentlich die Verantwortliche dafür, daß die Likendeeler Unterschlupf fanden in Ostfriesland, und sie war wahrscheinlich wirklich sehr listig. Ihr war klar, daß sie durch die Piraten eine ganz schöne Macht an Land gezogen hat. Denn immerhin war Piraterie eine See- macht, das kann man sehen, wie man will, aber Einschüchterungen und Macht konnten sie auf jeden Fall sicherstellen.

Ulrike: Kann es sein, daß in den mündlichen Überlieferungen zwei Frauen, und zwar die Quade Foelke und eine Tochter des Kenno ten Broke, zu einer Frau namens Folka ten Broke verschmolzen sind?

Marion: Ja, das ist sehr gut möglich. Quade Foelke hat die Piraten unterstützt. Für eine solche Legende braucht man aber eine schöne junge Frau, die einem Helden wie Störtebeker bedingungslos zur Seite steht und seine Taten unterstützt. Eine gestandene Frau wie Quade Foelke, die selbst soviel Dreck am Stecken hat, eignet sich für eine solche Legende nicht.

Ulrike: Und die spukt hier, deiner Meinung nach?

Marion: Nun ja, in diesem Steinhaus hier spukt es. Es wird erzählt, daß eine Frau in weißen Gewändern des Nachts gregorianische Gesänge darbietet. Mal abgesehen davon, daß eine Frau allein keine gregorianischen Gesänge singen kann, diese alten keltischen Ober- tonchoräle wurden von mehreren Frauen gesungen, können wir jetzt eigentlich phantasieren, welche von den ten Brokes das sein könnte. Ob es vielleicht die immer verschwiegene Folka ten Broke ist, die nur in den Legenden auftaucht und nirgends historisch belegt ist. Oder ob es überhaupt eine Stellvertreterin ist für die verschwiegenen Frauen in der Geschichte Ostfrieslands und in der Piraterie.

3. Station: Am Moorsee

Weiter geht es zu einem Ort, an dem Marion auf einer ihrer For- schungsreisen eine interessante Begegnung hatte. Marion parkt den Bus auf einer Wiese an einem Waldrand. Erstaunt darüber, daß das Ende der Welt so nahe bei A. liegt, steige ich aus und folge ihr auf einen fast unwegsamen, mit hohem Gras bewachsenen Pfad, umgeben von Bäumen, durch die der helle ostfriesische Abendhimmel schim- mert. Nach ungefähr zwanzig Minuten biegt Marion von diesem Weg ab und betritt einen kaum sichtbaren Trampelpfad. Zwei Schritte wei- ter öffnet sich vor unseren Augen ein See, eine Überraschung, denn vom Weg aus war nichts davon zu sehen. Unbeweglich liegt das run- de Gewässer vor uns, umgeben von Schilf und niedrigen Tannen. In- sekten summen, ansonsten ist es totenstill. Wir sind an einem Moorsee angelangt, dessen Namen und Lage wir nicht verraten.

Ulrike: Woher kennst du diesen Geheimplatz?

Marion: Das war in einer Kneipe in A. Da hab ich so 'ne windige Geschichte gehört, von diesem See. Früher hat A. am Meer gelegen, und dieser Moorsee, da war praktisch Meer, wo jetzt ein See ist. Und aus diesem See wurde vor etwa zehn Jahren eine alte Kogge gezogen aus der Zeit von Klaus Störtebeker. Was die mir sonst noch alles erzählt haben in der Kneipe, hab' ich zwar nicht geglaubt, zum Beispiel von Platten, die auf dem Meeres- bzw. hier auf dem Seegrund liegen, in denen noch Einritzungen aus der Zeit zu ertasten wären. Aber ich wußte an dem Abend eigentlich nichts anderes mit mir anzufangen, die Forschung hatte auch nicht soviel ergeben, daß ich einfach gedacht hab', ich such' diesen Moorsee mal auf. Und dann bin ich hier in dieser Gegend gelandet, fand zunächst mal alles sehr schön hier und bin im Moor rumgelaufen. Plötzlich stand einer vor mir, einer von diesen Typen aus der Kneipe, die mir den Moorsee empfohlen hatten. Ich wußte, links und rechts kam ich nicht weg, da ist Moor. Die einzige Möglichkeit wäre zurück. Aber hinter mir stand auf einmal auch einer von denen. Und dann hab' ich gleich nach meinem Gas gegriffen. Ich mußte mich aber nicht verteidigen, denn die beiden waren ganz friedlich und haben sich anscheinend nur gefreut, daß ich tatsächlich hierhergekommen bin. Später, als ich mit ihnen ins Gespräch kam, hat sich rausgestellt, daß das jugendliche Alkoholiker waren, die hier Verstecke haben, die Einbrüche machen und sich von den Fischen hier im Moorsee ernähren. Das ist ein Privatbesitz. Der Besitzer, dem anscheinend viel Land hier gehört, setzt im See Fische aus, um sie am Wochenende zu angeln. Und die haben wir dann am Abend gegrillt. Obwohl ich dann natürlich nichts mehr erfahren habe über irgendwelche Piratinnen hier in der Gegend, bin ich doch ganz in dieses Piraterie-Feeling gekommen unter diesen Menschen. Das waren damals zwei Frauen und drei Typen mit Zahnlücken, tätowiert und ziemlich verwegen und ziemlich jung, so um die zwanzig.

Ulrike: Die haben hier gelebt?

Marion: Ja. Die hatten hier Verstecke und sind nachts, so jede zweite, dritte Nacht, weggegangen und haben Einbrüche gemacht. Und von den Sachen, die sie gestohlen haben, also nicht nur Spirituosen, aber das in der Hauptsache, und irgendwelchen Konserven haben sie gelebt.

Ulrike: Hast du dann auch hier gepennt bei denen?

Marion: Ja. Die erste Nacht war mir das alles viel zu haarig, da bin ich zurück in mein Hotelzimmer und hab' gedacht, ich komm' nicht mehr zurück an diesen Moorsee. So schön es hier ist, aber das ist mir doch irgendwie zu mulmig. Aber dann bin ich im Lauf des nächsten Tages doch wieder hierhergegangen, hab' mit den Leuten geredet und hab' mich dann entschlossen, mal 'ne Nacht hier zu schlafen, und das hab' ich dann drei Tage und drei Nächte gemacht. Ich durfte in einem Lager von ihnen schlafen, das heißt, in einem kleinen Zelt, das sie unter Tannen im Moor versteckt hatten, in dem normalerweise Konserven waren, und da hab' ich dann die drei Nächte verbracht. Den Tag über haben wir von den gefangenen Fischen gelebt und von dem Diebesgut.

Ulrike: Wie war denn die Atmosphäre?

Marion: Das war schon ein Gefühl, ich möcht' nicht mal sagen: ein aufgesetztes Gefühl, von Freiheit. Ich dachte wirklich, so müssen die Piraten gelebt haben: Lebensmittel gestohlen und sich ansonsten ein schlaues Leben gemacht. Wir haben dann unter den Bäumen und in der Sonne gelegen und irgendwelche Geschichten erzählt. Die haben viel Alkohol getrunken, ihren Hund auf Fischjagd geschickt. Die Fische wurden dann am Abend gegrillt an einem schönen Lagerfeuer, und es ging bis in die Nacht. Geschlafen haben wir bis mittags.

Ulrike: Hattest du keine Angst?

Marion: Nein. Nur einmal. Das war nachts, da waren die weg, gerade was klauen. Ich lag in meinem Lager bei den Konservendosen und hab' gehört, daß Autos kamen und anscheinend auch ein Motorrad, von den Geräuschen her.

Ulrike: Warst du ganz allein?

Marion: Nein, da war die Chicco dabei, die Schäferhündin, die diese jungen Wilden hatten. Wir lagen zusammen in diesem Zelt, als ich plötzlich große Scheinwerfer gesehen habe, die über das Moor kamen, und ich hab' Stimmen gehört. Ich hab' dann erkannt, daß das Polizisten sind, und die Schäferhündin fing an zu knurren. Nachdem ich sie gestreichelt und zu beruhigen versucht hab', war sie auch tatsächlich still, zu meiner großen Freude. Und die Polizisten haben das Moor abgeleuchtet und gerufen. Was sie genau gerufen haben, hab' ich nicht verstanden, aber mir war schon klar, daß sie eine Razzia machen. Sie waren ganz in der Nähe, so etwa zwei Meter entfernt von unserem Versteck, und haben mit Stöcken auf das Gebüsch geschlagen, das um uns rum war. Aber das Zelt haben sie nicht gefunden, das unter den Tännchen stand, und uns beide auch nicht. Irgendwann sind sie wieder abgezogen. Und zwei Stunden später, morgens gegen vier, kamen dann die Jugendlichen zurück und haben mir auch etwas mitgebracht. Ich wollte Zigaretten, und sie haben ganz viele Schachteln mitgebracht. Und auch noch warme frische Schnitzel, paniert. Morgens um vier. Ich bin nie dahintergekommen, woher die waren, ich hab' nur einmal gewagt zu fragen und hab' dann eine seltsame Antwort bekommen, daß mir schon klar war, daß mich das nichts angeht.

Ulrike: Was für eine Antwort war das?

Marion: Sie hätten die von einem Grill weg durch den Schornstein geangelt. Das konnte ich mir kaum vorstellen, und mir war dann klar, daß ich da nicht weiter zu fragen hab'. Ebenso war es mit den Zigaretten, das war mir schon klar, daß die einen Automaten geknackt hatten. Und dann habe ich in der Nacht diese Schnitzel gegessen mit der Hündin zusammen, versteht sich, und noch zwei schöne Tage mit denen hier erlebt.

Ulrike: Die beiden Frauen, die dabei waren, was waren das für Frauen?

Marion: Das waren Jugendliche, die sich von ihrer Zukunft nichts mehr groß erwarteten, die wirklich darauf gesetzt haben, nicht mehr zu arbeiten und das, was sie zum Leben brauchen, zu stehlen. Sie waren beide auch Alkoholikerinnen, wie die drei Jungens auch.

Ulrike: Haben die ein bißchen erzählt von ihrem Leben?

Marion: Was sie erzählt haben, war an und für sich nicht so ungewöhnlich, also das waren jetzt nicht irgendwelche Frauen aus einem Mädchenheim, was so den gängigen Vorurteilen entspricht. Die hatten alle Familie, mit der sie, wie sie sagten, auch noch in Kontakt standen. Sie hatten einfach keinen Bock, wie man damals sagte, ein bürgerliches Leben zu führen.

Ulrike: Würdest du sagen, daß das die Piratinnen von heute sind?

Marion: Hm, das wär' schon drin. Ich weiß nicht, wie aggressiv sie werden konnten. Die eine hat mir erzählt, daß sie früher öfter in Schlägereien verwickelt war, die, der auch schon einige Zähne gefehlt haben, daß sie sich gern angelegt hat in Kneipen und sich geprügelt hat, daß diese Zeit aber vorbei wär' und daß sie jetzt lieber hier in Ruhe rumliegt und ein gutes Leben führt. Vielleicht ist das tatsächlich die Piraterie von heute, das wäre schon möglich, daß diese Frauen früher auf Piratenschiffen anzutreffen gewesen wären.

AUS DER BORDKÜCHE: LABSKAUS

Das wichtigste Getränk an Bord der Wikingerschiffe war nicht, wie vielleicht vermutet wird, Met, sondern Bier. Bier wurde bis zum Ende der Christianisierung nur von Frauen gebraut. An Land war der Rausch Bestandteil ritueller Feste und – wie zu Ehren der Biergöttin Nidaba im alten Babylon – religiöses Gebot. Auch an Bord durfte das Bier nicht fehlen und um Freyas willen nicht ausgehen. Erst mit der Einführung von Männerklöstern wurde diese Kunst des Bierbrauens im Lauf der Zeit zur Männersache.

Als mehr oder weniger feste Nahrung und fast unverderbliche Dauerverpflegung backten die WikingerInnen Brotfladen aus Gerstenmehl, Wasser und Salz. Da sie noch keine Treibmittel kannten, waren die Produkte vermutlich kaum genießbar und eigneten sich daher auch besser zur Bierherstellung (sie wurden zum Gären in Wasser gelegt) als zum Verzehr. Diese Fladen waren nicht nur steinhart, sie enthielten oft auch kleine abgebrochene Partikel der Steinmühlen, in denen das Getreide gemahlen worden war. Auf diese Beimengungen im Fladenbrot schieben die Archäologen den schlechten Gebißzustand der WikingerInnen.

In der Milchverarbeitung waren die Frauen auf den Drachenschiffen weitaus flexibler. Neben Butter, Käse, Joghurt und Buttermilch stellten sie eine gesalzene Dickmilch namens „Skyr" her, die sich auf See lange hielt.

Fische, an denen kein Mangel bestand, wurden angebraten, gewürzt und mit Bier übergossen, in dem sie schmorten, bis sie gar waren. Auf langen Fahrten war der Stockfisch, der durch Lufttrocknung haltbar gemacht wurde, eine eiweißreiche Zugabe zum Fladenbrot. Erstaunlicherweise war und ist dieses Produkt noch heute ein gefragter Exportartikel.

Die PiratInnen der Nordsee zur Zeit Störtebekers aßen bereits den wohlschmeckenden Labskaus. Hier ein Rezept aus dem 14. Jahrhundert für ca. 30 PiratInnen:

Zutaten
2,5 kg gepökeltes Rindfleisch
6 kg Schiffszwieback
25 Zwiebeln

20 Knoblauchzehen
30 Heringsfilets
20 saure Gurken
1 kg Rote Beete
1 Pfund Schweineschmalz zum Anbraten.

Fleisch und Zwiebeln zusammen in einem großen Topf gar kochen und kleinhacken. Den Zwieback zerstampfen und mit der Pökelbrühe zu einem Brei anrühren. Knoblauchzehen, Gurken, Heringe und Rote Beete grob hacken. Das Schweineschmalz in einem großen Topf zerlaufen lassen und alles hineingeben. Unter ständigem Rühren einmal aufkochen lassen. Mit Pfeffer würzen.

Wir überqueren den Kanal und halten Kurs auf England, das im 16. Jahrhundert mit Hilfe der Piraterie zu einer aufstrebenden Kolonialmacht wurde.

Ein Jahrhundert zuvor hatte Papst Alexander VI. die „Neue Welt" unter seinen katholischen Favoriten aufgeteilt. In einer Bulle schrieb er anno 1493 an den spanischen König: „Da Colomb gewisse entlegene Inseln und Festländer entdeckt hat, so geben Wir aus freiem Entschluß und ohne Eures oder jemandes Antrieb und aus apostolischer Machtvollkommenheit all diese neu entdeckten Inseln und Länder, soweit sie noch keinem christlichen König gehören, Euch und Euren Erben und verbieten allen anderen, bei Strafe der Exkommunizierung, dahin zu fahren und ohne Eure Erlaubnis Handel zu treiben."

Der Papst malte eine Linie vom Nordpol zum Südpol, die links an den Azoren vorbeilief, und bestimmte: Alles, was westlich dieser Linie liegt, gehört Spanien. Die östliche Hälfte der Inseln und Länder, die noch keinem christlichen König gehörten, sollte an Portugal gehen. England und Frankreich bekamen nichts. Deshalb setzten sie auf die Piraterie.

Der französische König stattete Seefahrende mit Kaperbriefen aus, die ihnen erlaubten, alle Schiffe zu überfallen und zu plündern, die unter spanischer oder portugiesischer Flagge die Schätze aus der „Neuen Welt" nach Europa brachten. Korsaren wurden diese Seeräuber genannt. Das klang heldenhafter und weniger kriminell als Pirat.

Auch Elisabeth I., Königin von England, duldete die FreibeuterInnen wohlwollend, die sich über die vollbeladenen Schiffe hermachten und nebenbei noch die reichen spanischen Reisenden kidnappten, um sie in Dover für hundert Pfund pro Kopf zu versteigern. Spekulanten kauften sie, um sie gegen ein hohes Lösegeld freizulassen. Besonders erfolgreiche Piraten wurden später sogar von der Königin in den Adelsstand erhoben und als Nationalhelden gefeiert.

Auf Beschwerden von spanischer Seite beteuerte England, es werde dem Unwesen der Piraterie ein Ende bereiten. Aber in der Praxis waren alle entscheidenden Leute in England in die Piraterie verstrickt. Nicht nur die Krone, die Anteile der Beute kassierte, profitierte davon, auch der Adel, die Marine und die Beamten bis hin zum letzten Zollbeamten im Hafen.

In Cornwall, dem südwestlichsten Zipfel von England, hatte die einflußreiche Familie Killigrew ihren Sitz und das Sagen. Hervorragende Musiker, Diplomaten und Soldaten waren aus dieser angesehenen Familie hervorgegangen. Und PiratInnen. Zur Zeit Elisabeth I. gehörten die Killigrews zur „Oligarchie der Seeräuberkapitalisten", wie der englische Piratenhistoriker Philip Gosse sie nennt.

Die Killigrews operierten von der Küste aus, wo sie eine Art Familienunternehmen hatten. Nicht nur das Kapern gehörte zu ihrem Geschäft, sondern auch das Verstecken und Verschieben der Waren, Kauf und Verkauf der Schiffe, das Verteilen von Schmiergeldern an die Beamten und die Bezahlung der PiratInnen. Der Kapitän erhielt nur ein Fünftel der Beute. Wie es sich für ein frühkapitalistisches Unternehmen gehörte, ging der größte Teil der Prisen an die Eigentümer. Immerhin waren die Besitzer des Killigrew-Syndikats sich nicht zu schade, selbst zum Enterbeil zu greifen und bei den Beutezügen persönlich mitzumachen.

Sir John Killigrew leitete als eine Art Manager-Direktor die Geschäfte. Als Vizeadmiral von Cornwall, Königlicher Gouverneur der benachbarten Festung Pendennis und Blutsverwandter des ersten Ministers der Königin mußte er nicht befürchten, daß ihm von seiten der Justiz jemand ins Handwerk pfuschte. Seine Lordschaft konnte kapern, schmuggeln und hehlen, ohne dafür zur Verantwortung gezogen zu werden. Schon Sir John's Vater war Pirat gewesen, und von seinem Onkel Peter wird behauptet, er habe in seiner Jugend die irische See umgegraben wie ein Holzfäller. Die Killigrews lebten im schönen alten Schloß von Arwenack in einem abgeschiedenen Teil von Falmouth. Das Anwesen, nahe am Meer, existiert noch heute; es wird behauptet, daß es von dort aus einen geheimen Zugang zum Hafen gibt, durch den die PiratInnen ihre Ladung heimlich in die Kellergewölbe der Killigrews bringen konnten.

Das Schloß von Arwenack war unter den PiratInnen bekannt als eine beliebte Herberge für die Gesetzlosen, sie wurden dort von der netten alten Lady Elizabeth Killigrew bewirtet, Sir John's Mutter oder Ehefrau, darüber streiten sich die Historiker. Die SeeräuberInnen konnten sich im Killigrew-Syndikat sicher fühlen. Wenn es tatsächlich einmal vorkam, daß der eine oder die andere FreibeuterIn von einem Kriegsschiff aufgespürt wurde, setzte Sir John sich ins Ruderboot, ging an Bord des königlichen Schiffes und verhandelte mit dem Flottenoffizier. Er lud ihn zu einem fürstlichen Frühstück auf sein Schloß und spendierte ihm einen Jagdausflug in die nahegelegenen Wälder. Mit einem Schweigegeld von hundert Pfund in der Tasche brach der Offizier dann auf und kehrte erst zurück, nachdem die PiratInnen sich und ihre Beute in Sicherheit gebracht hatten.

Vetternwirtschaft und Korruption nützten den Killigrews allerdings nur, solange ihre Opfer nicht einflußreicher waren als sie selbst. Wenn sie das Pech hatten, an jemand zu geraten, der noch bessere Verbindungen zur Obrigkeit hatte, konnte ihr Piraterie-Imperium durchaus ins Wanken geraten.

Dies geschah z.B., als den SeeräuberInnen zwischen Dover und Boulogne der Graf Worcester vor die Kanonen geriet, ein Abgesandter von Elisabeth I. Er war unterwegs, um einen goldenen Präsentierteller als Geschenk der Königin an die Tochter Karls IX. zu überbringen. Als die PiratInnen angriffen, wurde das Schiff zu ihrer Überraschung verteidigt. Der Graf konnte mitsamt dem Teller entfliehen, die SeeräuberInnen erbeuteten lediglich fünfhundert Pfund. Bald darauf veranlaßte die Königin eine Razzia im Küstengebiet des Kanals und ließ mehrere hundert PiratInnen festnehmen. Drei von ihnen wurden hingerichtet. Vermutlich hatte Sir Killigrew mit Hilfe seiner Beziehungen die Sache wieder in den Griff bekommen.

Ein anderes Unterfangen des Killigrew-Syndikats hätte beinahe einen verhängnisvolleren Ausgang für die Piratenfamilie gehabt. Es war eine besonders waghalsige Aktion, durchgeführt von einer besonders abenteuerlichen Person.

Am ersten Tag des Jahres 1582 fuhr ein riesiges Hanseschiff in den Hafen von Falmouth ein und legte unmittelbar vor dem Schloß von Awenack an. Zwei Männer gingen von Bord. Kaum hatten sie englischen Boden betreten, brach ein heftiger Regenguß aus, und die Ankömmlinge flüchteten sich zu dem nahegelegenen Schloß. Die alte Lady Killigrew öffnete ihnen das Tor, ließ sie eintreten, wies ihnen einen Platz am Kamin und brachte Tee und Gebäck. Vor dem knisternden Feuer berichteten die beiden Männer mit spanischem Akzent, daß sie mit ihrem 144-Tonner aus Danzig kamen und hier, im Hafen von Falmouth, den Sturm abwarten wollten, der sich anzukündigen schien. Die gastfreundliche Lady pflichtete ihnen bei, sie sollten getrost ein paar Tage bleiben, in Falmouth seien sie gut aufgehoben. Sie empfahl ihnen eine Pension in Penryn. Philip de Orozo und Juan de Charis, so hießen die beiden Spanier, bedankten sich bei der netten alten Dame und machten sich auf den Weg nach

Penryn. Sorgen um ihr Schiff machten sie sich nicht, denn erstens herrschte gerade Frieden zwischen der Hanse und England, und zweitens lag ihr Schiff genau gegenüber dem Schloß von Sir Killigrew, von dem sie wußten, daß er als hoher Beamter für die Eindämmung der Piraterie zuständig war.

Am 8. Januar war der Sturm vorbei. Die See war ruhig und spiegelte den stahlblauen Himmel über der Bucht von Arwenack. Die Segel, die Sonne, alles strahlte. Am Kai standen zwei Spanier und blickten trübe aufs Meer. Ihr Schiff war weg. Wo der prächtige 144-Tonner vor Anker gelegen hatte, tummelten sich jetzt hungrige Möwen auf dem Wasser und taten so, als hätte es dort nie ein Schiff gegeben. Was war geschehen?

Lady Killigrew, die gastfreundliche alte Dame, hatte das wertvolle Schiff in Augenschein genommen und Lust bekommen, es den beiden Spaniern vor der Nase wegzunehmen. Die Lady hatte eine Vorliebe für besonders originelle Aktionen, sie liebte den Nervenkitzel. Ihr Leben lang war sie Piratin gewesen, schon als Kind hatte sie das Handwerk von ihrem Vater gelernt. Auch jetzt im Alter von mehr als sechzig Jahren kaperte sie noch mit äußerster Geschicklichkeit und Raffinesse.

In der Nacht zum 7. Januar begab sie sich mit ihren Leuten – vermutlich durch den Geheimgang – zum Meer. Es war stockdunkel, der Sturm zwar vorüber, aber der Himmel hatte sich immer noch nicht aufgeklärt. Lady Killigrew wußte, daß dies genau der richtige Moment für die Kaperung war, denn sie kannte die Eigenarten des Wetters. Die PiratInnen bestiegen die Boote und ruderten zu dem riesigen Schiff. Die Lady steuerte ihr Boot bis zum hinteren Deck, ein Matrose befestigte eine Leine, dann schwangen sich alle an Deck. Die RäuberInnen nahmen ihre Positionen ein, wie die Lady es ihnen befohlen hatte, und auf ein Signal hin stürzten sie sich auf die Wachposten. Die Toten wurden über Bord geworfen. Keiner von der Besatzung des Hanseschiffes soll den Überfall überlebt haben.

Mit vollen Booten kehrten die Lady und zwei ihrer Leute ins Schloß zurück, wo sie Fässer und Stoffballen ins Versteck schleppten. Die anderen PiratInnen verschwanden mit dem gekaperten Schiff im Dunkeln.

Die bestohlenen Spanier reichten in Falmouth Klage ein. Natürlich fiel der Verdacht auf Lady Killigrew, ein so dreister Raubzug war eigentlich nur ihr zuzutrauen. Und selbstverständlich konnte ihr nichts nachgewiesen werden. Nach langwierigen Untersuchungen stellten die Richter fest, es sei unmöglich, die Täter zu finden.

Philip de Orozo und Juan de Charis gaben sich damit nicht zufrieden. Sie gingen nach London und beklagten sich an höchster Stelle. Dort wurde der Fall neu aufgerollt; unter anderem stellte sich heraus, daß der Richter in Falmouth ein Sohn der Killigrew war.

So kam es, daß die räuberische Lady auf ihre alten Tage noch auf die Anklagebank zitiert wurde. Sie und zwei ihrer Leute wurden zum Tode verurteilt. Doch Adel und Alter retteten sie im letzten Moment vor dem Henker: Lady Killigrew wurde von Königin Elisabeth I. begnadigt.

Über den Felsen der irischen Küsten erheben sich zahlreiche alte Burgen und Schlösser. Dort lebten die irischen Familienclans, die jahrhundertelang nicht nur gegen die englische Kolonialmacht kämpften, sondern auch untereinander heftige Fehden austrugen. Eines dieser Schlösser, ein behäbiges Anwesen nördlich von Dublin, heißt Howth Castle. In diesem Schloß steht noch heute ein gedeckter Tisch für Grace O'Malley, die legendäre irische Piratin. Sie hatte hier einmal auf der Rückreise von England angelegt und um Gastfreundschaft gebeten. Der Schloßherr ließ sie aber nicht hinein. Er nahm gerade sein Dinner ein und wollte nicht gestört werden. Aus Rache entführte Grace O'Malley den Sohn des Hauses. Sie rückte ihn erst wieder heraus, als der Schloßherr versprach, daß Howth Castle künftig gastfreundlicher werden würde und daß bei jeder fürstlichen Mahlzeit für die Piratin mitgedeckt wird. Die heutigen Besitzer von Howth Castle halten sich noch immer an dieses Versprechen.

Granuaile, wie sie in ihrer gälischen Muttersprache heißt, kam 1530 als einzige Tochter des O'Malley-Clans auf die Welt. Die O'Malleys, die an der stürmischen Westküste nördlich von Galway ihren Sitz hatten, waren eine alte Seefahrerfamilie, die hauptsächlich von Fischfang und Handel lebte und nebenbei Piraterie betrieb. Seeraub war im Irland des 16. Jahrhunderts nichts Ungewöhnliches. Granuaile entdeckte schon als Kind ihre Vorliebe für Schiffe und für das Meer; ihr Vater lehrte sie das Seefahrerhandwerk.

Granuaile war sechs Jahre alt, als König Heinrich VIII. sich vom englischen Parlament zum „König von Irland" ausrufen ließ. Er wollte aus Irland eine englische Kolonie machen. Bisher war lediglich das Gebiet um Dublin in englischer Hand gewesen. In den restlichen Gebieten bestimmten die gälischen Stämme das politische Geschehen. Da sie untereinander sehr zerstritten waren und keinen gemeinsamen Widerstand gegen England auf die Beine brachten, hatte der englische König es leicht, seine Machtinteressen in Irland durchzusetzen.

Wie macht man aus einem unabhängigen Land eine Kolonie? Zunächst bot Heinrich VIII. einzelnen irischen Clanführern englische Titel und Privilegien an unter der Bedingung, daß sie die englischen Sitten und Gebräuche übernahmen. Dazu gehörte auch die Einführung der anglikanischen Konfession im katholischen Irland. Der Führer des O'Malley-Clans ging auf dieses Angebot nicht ein. Anders als die benachbarten Familien weigerten sich die O'Malleys ziemlich lange, sich den Engländern zu unterwerfen.

Mit sechzehn Jahren wurde Granuaile an den benachbarten Clan-Führer Donal O'Flaherty verheiratet, auch Donal der Schlachtenreiche genannt. Er machte seinem Namen alle Ehre. Ständig war er in irgendwelche Fehden verwickelt, und Granuaile stand ihm tatkräftig zur Seite. Nebenbei überfiel sie die Schiffe, die in Richtung Galway fuhren.

Galway war eines der wichtigsten Handelszentren nicht nur Irlands, sondern der britischen Inseln überhaupt. Die Provinzstadt, Sitz englischer Macht und Verwaltung, war mit den benachbarten gälischen Clans gründlich verfeindet. „Von den wilden O'Flahertys, o Gott, befreie uns", stand in großen Lettern über dem westlichen Stadttor von Galway.

Sowohl den O'Flahertys als auch den O'Malleys war es verboten, in Galway Handel zu treiben. Der Export von Wolle, dem wichtigsten Produkt der gälischen Clans, war generell verboten. Das stärkte die englischen Händler und trug dazu bei, Irland wirtschaftlich von England abhängig zu machen.

Wenn sie den Lebensunterhalt für sich und ihre Familie sichern wollte, blieb Granuaile also gar nichts anderes übrig, als Schiffe zu überfallen oder zumindest von allen, die ihren Küstenstreifen passierten, eine ordentliche Schutzgebühr zu kassieren. Außerdem reiste die Piratin selbst bis Spanien und Portugal und kaufte dort Weine, Gewürze, Glas, Eisen, Seide und andere Stoffe, die sie in ihrer Heimat verkaufte. Die Leute in Irland kauften lieber bei ihr als bei den Händlern in Galway, denn Granuaile verlangte keinen Zoll.

Als Donal der Schlachtenreiche eine Inselfestung im Corrib-See besetzt hielt, wurde er umgebracht. Zum Erstaunen aller Beteiligten gelang es Granuaile, die Festung gegen die Belagerer zu halten. Sie ließ das bleierne Dach der Festung einschmelzen und auf die Feinde gießen, die daraufhin die Insel fluchtartig räumten. Weil Granuaile die Festung verteidigt hatte wie die Henne ihr Nest, erhielt die Festung den Namen Hen's Castle. Granuaile mußte fliehen und hatte keine Zeit, das Land in Besitz zu nehmen, das ihr nun zustand. Nach gälischem Recht hatte sie nach dem Tod ihres Mannes Anspruch auf ein Drittel seines Besitzes. Die Tochter der O'Malleys kehrte zurück

in ihre Heimat und richtete sich mit ihren drei Kindern in der Inselfestung auf Clare Ireland ein.

Inzwischen hatte Elisabeth I. den englischen Thron bestiegen; sie
setzte die Kolonialpolitik gegenüber Irland noch rigoroser durch. Englische Glücksritter kamen nach Irland und eigneten sich Land an. Die
Königin erklärte es zu deren Eigentum. Die Kolonialisten versuchten,
die irische Kultur, die ihnen als rückständig und minderwertig galt,
durch die englische zu ersetzen. In Irland herrschten im 16. Jahrhundert noch viele Sitten und Gebräuche aus der Zeit, als die Insel
noch nicht katholisch war. Zum Beispiel im Hinblick auf die rechtli-
che Stellung der Frau waren die keineswegs schlechter als die im
„modernen" England. Wenn etwa eine Frau einen Mann nach gälischem Recht heiratete, war sie ihm in der Ehe gleichgestellt. Die
Ehe galt zunächst für ein Jahr und konnte dann von beiden Seiten
ohne Begründung aufgehoben werden.

In ihrer zweiten Ehe machte Granuaile von diesem Recht Gebrauch.
Sie heiratete den mächtigen Stammesfürsten Richard Burke, genannt
der eiserne Richard. Für diesen Beinamen sind verschiedene Erklä-
rungen überliefert. Die einen sagen, Richard habe Eisenminen be-
sessen; die anderen behaupten, er habe immer Kettenhemden getragen – aus Angst vor feuerspeienden Drachen. Jedenfalls war der
eiserne Richard Besitzer einer wunderschönen Burg: Rockfleet Castle
an der Clew Bay. Die Burg ist heute noch gut erhalten, ein riesiger
viereckiger Turm mit vier Stockwerken aus dicken hohen Mauern.
Im vierten Stock dieses Turmes wohnte Granuaile die meiste Zeit
ihres Lebens. Vom Westfenster aus konnte sie die ganze Bucht über-
blicken und alle Schiffe beobachten, die auf dem Weg nach Galway
waren. In der zum Meer gerichteten Südseite der dicken Steinwände
befindet sich noch heute ein kleines Loch. Es wird erzählt, daß durch
dieses Loch ein Leine ging, mit der Granuaile ihr Lieblingsschiff an
ihrem Bettpfosten festmachte. Auf dem Schiff bekam sie ihr viertes
Kind; sie nannte es Tibbot-na-Long, Theobald von den Schiffen.

Innerhalb kurzer Zeit hatte Granuaile sich als Herrin von Rockfleet
Castle etabliert. Und eines Tages fand der eiserne Richard auf der
Rückkehr von einem Kriegszug die Tore seiner Burg verschlossen.
Granuaile stand auf dem Festungswall und rief ihm zu: „Ich entlasse
dich! Rockfleet Castle gehört jetzt mir!" Das Probejahr war noch nicht
vorüber, und so blieb dem Eisernen nichts anderes übrig, als fluchend
davonzureiten. Er versuchte nicht, seine Burg zurückzuerobern.

Die Legende berichtet, daß der katholische Pfarrer von Clare Ireland über diese Scheidung auf gälisch so entsetzt war, daß er fluchtartig die Insel verließ. Granuaile ließ ihn wieder einfangen; sie befürchtete, die Leute könnten sonst glauben, der Teufel sei auf der Insel eingezogen.

Die Beziehung zwischen Granuaile und dem eisernen Richard blieb trotzdem weiterhin freundschaftlich. Einträchtig kämpften und plünderten sie noch lange gemeinsam weiter.

Die Kolonialisten hatten sich inzwischen etwas Neues einfallen lassen, um Irland in den Griff zu bekommen. Ähnlich wie zehn Jahre später, als es darum ging, EngländerInnen an die „neu entdeckten" Küsten Amerikas zu schicken, wurden mit Hilfe von Propagandamaterial englische Unternehmer und andere tatkräftige Leute eingeladen, sich in Irland anzusiedeln. Die Ankömmlinge erlebten böse Überraschungen, denn es stellte sich heraus, daß das gepriesene Land – entgegen den Versprechungen – bewohnt war. In ganz Irland kam es zu blutigen Unruhen und Aufständen. Immer mehr Grundbesitz wurde rebellischen Iren weggenommen und loyalen Engländern geschenkt. An den Folgen der englischen Kolonisierung leidet Irland noch heute.

Grace O'Malley war eine Rebellin, aber sie war keine Patriotin, wie oft behauptet wird. Irgendwann hat sie dem englischen Königshaus ihre Loyalität versichert. Der Brief des englischen Statthalters von Galway, der diesen Akt beschreibt, ist eine der wenigen historischen Quellen, die es über Granuaile gibt. „Da kam also der berühmteste weibliche Kapitän mit Namen Grany Imallye und bot ihre Dienste an, wohin auch immer ich ihr befehlen würde, mit drei Galeeren und zweihundert kämpfenden Männern, sowohl in Schottland als auch in Irland zu helfen; sie brachte ihren Ehemann mit, denn sie war sowohl auf See als auch auf dem Land weit mehr als Frau und Gattin... Sie war eine berüchtigte Frau an allen Küsten Irlands."[4]

Dieser Schritt steht in krassem Gegensatz zu dem, was Granuaile sonst tat. Weiterhin bekämpfte und beraubte sie englische Händler und Grundbesitzer. Ein Brief aus dem Jahr 1578 dokumentiert, wie sie dabei erwischt und gefangengenommen wurde: „Grany O'Mayle, eine Frau, die den Part ihres Frauseins schamlos überschritt und ein großer Räuber, Oberbefehlshaber und Führer von Dieben und Mördern auf See war, die die Provinz zerstörten, wurde in diesem Jahr vom Earl von Desmond festgenommen und nach Lymerick geschickt, wo sie in sicherem Gewahrsam bleibt.“[5] Gegen das Versprechen, von ihren Aktionen auf See abzulassen, wurde Granuaile nach achtzehnmonatiger Haft freigelassen. An das Versprechen hielt sie sich keinen Tag.

1583 starb Grace O'Malleys zweiter Mann. Diesmal versäumte sie nicht, sich seine Besitztümer anzueignen, obwohl sie als Geschiedene keine Anspruch darauf hatte. Sie marschierte mit ihrem Gefolge ein und wurde zur Herrin von Rockfleet.

Die englische Krone hatte inzwischen ihre Macht in Irland so weit ausgebaut, daß sie den Adligen der Provinz Connaught ein ungleiches Abkommen abringen konnte. In der „Composition of Connaught" sicherte die Krone den irischen GrundbesitzerInnen zu, ihnen kein Land wegzunehmen, wenn sie sich bereit erklärten, „der Krone jährlich einen Zins von 10 1/4 Schilling für nutzbares Land zu zahlen, auf Heerlagern mit einer vereinbarten Zahl von Männern zu erscheinen und die irische Rechtsordnung und das ihr entsprechende System der Zuteilung von Land und Vieh abzuschaffen"[6].

Alle Clanführer und Fürsten des Landes unterschrieben dieses Abkommen, auch die O'Malleys. Eine Unterschrift von Granuaile selbst gibt es nicht. Ihre Position als Clanführerin von Rockfleet und benachbarten Gebieten, die sie durch den Tod ihres geschiedenen Mannes erhalten hatte, stand im Widerspruch zur englischen wie zur gälischen Rechtsprechung. Niemand wagte es, sie anzuzweifeln.

Die Königin hatte einen neuen Statthalter nach Galway geschickt, der sich als besonders scharfer Wächter über das von England diktierte Recht herausstellte. Richard Bingham wurde Granuailes erbittertster Feind. Mit gnadenloser Verbissenheit kämpfte er gegen die Piratin, die er eine „bemerkenswerte Verräterin und Hegerin aller Revolten der Provinz seit vierzig Jahren" nannte.

Sie rächte sich, wo immer sie konnte. Als sie erfuhr, daß ihr Sohn Morrough mit dem verhaßten Bingham gemeinsame Sache machte, griff sie seine Burg an und plünderte und zerstörte seinen Besitz. Laut Legende gab sie dem verblüfften Sohn zur Krönung noch zwei schallende Ohrfeigen.

1593 wurde Granuaile von den Leuten Binghams verhaftet und in den Kerker gesperrt. Er nahm ihr alle Vieh- und Pferdeherden, insgesamt an die tausend Stück. Bingham wollte die Piratin an den Galgen bringen, doch Granuaile wurde als Geisel gegen ihren Schwiegersohn, Richard Teufelskralle, freigelassen. Verarmt und machtlos verließ sie das Gefängnis.

GRANA UILE *introduced to* QUEEN
Elizabeth.

Im selben Jahr schrieb Granuaile einen Brief nach England, an die Clanführerin der Tudors. Sie bat Elisabeth um Protektion und um die Freilassung ihres Bruders und ihres von Bingham verhafteten Sohnes Tibbot. Ihre Seeattacken rechtfertigte sie als Notwendigkeiten, die die englische Verwaltung heraufbeschworen hatte. Königin Elisabeth gewährte der Piratin eine Audienz.

Als Bingham davon erfuhr, schrieb er an den Hof: „Es sind zwei bemerkenswerte Verräter herübergekommen, Sir Morrow Nedoe und Grainy O'Maly, beide Rebellen seit ihrer Kindheit und fortgesetzt in Aktion; und wenn sie sich jetzt gegen einen Offizier beschweren oder irgendwie belohnt werden von Ihrer Majestät, wird es nur dazu führen, mehr Rebellen hervorzubringen: Sie mögen eine Entschädigung fordern dafür, daß sie im Gefängnis waren, ungeachtet ihrer vielen Begnadigungen, es gibt jetzt genug kürzlich herausgefundene Sachen gegen sie, um sie per Gesetz hängen zu können."[7]

Um die Begegnung zwischen Granuaile und Elisabeth I. ranken sich zahlreiche Legenden. So wird zum Beispiel berichtet, daß Granuaile der einzige Gast war, der je von Elisabeth höchstpersönlich eine Tasse Tee serviert bekam. Auf jeden Fall war Granuaile die einzige gälische Frau, die jemals am königlichen Hof eingeladen war.

Grace O'Malley soll einen gelben Rock und ein gelbes Mieder getragen haben, darüber einen grünen Umhang, wie ihn die ClanführerInnen zu tragen pflegten. Ein langer Schleier bedeckte Kopf und Körper. Das Haar hatte sie mit einer silbernen Spange hochgesteckt. Mit großen Schritten ging die Gälin auf die zierliche Königin zu und schüttelte ihr kräftig die Hand.

Der Anblick der bücklingmachenden Hofleute trieb ihr die Galle hoch. Granuaile spuckte auf den Boden des Spiegelsaales, wie sie es von zu Hause gewohnt war. Eine Hofdame reichte ihr ein seidenes, reich besticktes Taschentuch. Granuaile, die vermutlich zum erstenmal in ihrem Leben ein Taschentuch in den Händen hatte, schneuzte sich damit ordentlich die Nase und warf es ins Feuer. Als sie darauf hingewiesen wurde, daß sie das kostbare Tüchlein ruhig hätte behalten können, antwortete sie: „Wir in Irland werfen schmutzige Taschentücher immer gleich fort."

Ob sich diese oft erzählt Szene tatsächlich so abgespielt hat, ist nicht sicher. Sicher ist, daß Grace O'Malley einen guten Eindruck auf die Königin gemacht hatte. Sie erreichte die Freilassung ihres Sohnes und ihres Bruders und erhielt einen königlichen Freibrief, der ihr erlaubte, ihre Tätigkeiten zu Wasser und zu Lande weiterzuführen – allerdings unter englischer Flagge.

ANMERKUNGEN

1 Hans Leip, *Bordbuch des Satans,* Berlin 1986, S. 45.
2 Bertrand d'Argentré, *Histoire de la Bretagne*, S. 410, übersetzt von Hildegard Eisenmann.
3 Françoise d'Eaubonne, *Les grandes Aventurières*, Paris 1988, S. 22, übersetzt von Hildegard Eisenmann.
4 Anne Chambers, *The Life and Times of Grace O'Malley*, Dublin 1983, S. 85, übersetzt von Barbara Kistner.
5 Ebd., S. 93.
6 Karl S. Bottigheimer, *Geschichte Irlands*, Stuttgart 1985, S. 79.
7 Anne Chambers, a.a.O., S. 141.

KARIBIK

DAS GOLDENE ZEITALTER DER PIRATERIE

Der Südwind führt uns an den „Virgin Islands" vorbei, den Jungferninseln, die von Kolumbus so getauft wurden in Erinnerung an die
Jungfrauen um die Heilige Ursula, die anno 452 in Köln von den
Hunnen überfallen und getötet worden waren. Sagt die Legende. Die
größte Insel wurde Santa Ursula genannt und heißt heute Santa Cruz.
Dort begegnete Kolumbus einer seefahrenden Bogenschützin. Sein
Sohn Don Fernando beschreibt die Szene in seiner Kolumbus-Biographie: „Am Donnerstag, dem 14. November 1493, zwang ihn die
Ungunst des Wetters, eine Insel anzulaufen, und er befahl, jemand
an Bord zu bringen. Er wollte nämlich erfahren, wo er sich befinde.
Während die Schaluppe... zur Flotte zurückkehrte, traf sie auf ein
Kanu, in dem sich vier Männer und eine Frau befanden. Als diese
erkannten, nicht mehr fliehen zu können, machten sie sich zur Verteidigung bereit. Sie durchschossen zwei Christen mit Pfeilen, die sie
mit großer Kraft und Geschicklichkeit abschnellten. Die Frau schoß
einen Pfeil, der einen Schild durchdrang. Aber die Schaluppe rammte
das Kanu und brachte es zum Kentern, damit sie alle im Wasser gefangengenommen werden könnten."

Dieser Überfall der Weißen auf die BewohnerInnen der „Westindischen Inseln", wie die Invasoren sie in dem Irrglauben nannten,
nach Indien gelangt zu sein, markiert den Beginn eines jahrhundertelangen Ausrottungs- und Plünderungsfeldzugs, der bis in die heutige
Zeit Spuren hinterlassen hat.

Im 17. Jahrhundert waren weite Gebiete Nord- und Südamerikas
zu Kolonien der europäischen Länder geworden. Unter der Losung
„Freiheit des Handels" und „Freiheit des Meeres" hatten die Weißen
bereits einen Großteil der Schätze der neu entdeckten Welt geplündert. Die IndianerInnen waren so gut wie ausgestorben; nicht nur
wegen der unmenschlichen Arbeit in Silberminen und der Perlenfischerei, zu der sie gezwungen wurden, sondern auch, weil die weißen
Invasoren Krankheiten aus Europa in ihre Länder eingeschleppt hatten,
gegen die sie nicht gefeit waren. Doch der Bedarf an Arbeitskräften
wuchs, und so begannen die Kolonialisten, Menschen in Afrika zu
entführen und in der „Neuen Welt" als Sklaven für die Plantagen und
die neu aufgebaute Zuckerindustrie zu verkaufen. Bilanz des größten
Kidnapping-Kommandos aller Zeiten: Innerhalb von 350 Jahren wurden

143

20 Millionen Menschen aus Afrika entführt und wie Tiere verkauft. „Dreieckshandel" nannten die Europäer diese Variante ihrer internationalen Beutezüge: Manufakturprodukte aus Europa schifften sie an die westafrikanische Küste, dort luden sie geraubte Menschen ein und verkauften diese in Westindien gegen Zucker, Perlen oder Geld. John Hawkins war der Erfinder dieser imperialistischen Transaktionen. Mit seinen von Königin Elisabeth I. durchaus wohlwollend betrachteten Expeditionen durchbrach der Engländer das Monopol der Portugiesen in Afrika und das spanische Las-Indias-Monopol. Der „freie Wettbewerb" der internationalen Handelsmächte konnte beginnen – ein gefundenes Fressen für die Piraterie.

Die Karibische See war zum Brennpunkt der politischen Auseinandersetzung um die Besiedlung Amerikas und die Ausbeutung seiner Schätze geworden. Die Westindischen Inseln bilden einen weitgespannten Bogen von Florida bis Venezuela. Wer hier Land gewann, besaß einen Schlüssel zur westlichen Hälfte der Erde.

Solange sich die europäischen Nationen um die Besitzverhältnisse in den Kolonien stritten, spielte die Piraterie politisch eine wichtige Rolle. Engländer, Franzosen und Spanier stellten Kaperbriefe aus, die den Freibeutern erlaubten, die Schiffe der jeweils anderen zu überfallen. Diese Staatspiraten wurden reich belohnt und geehrt. Für viele wurde ihr Job der Anfang einer Karriere im kolonialen Handels- und Verwaltungswesen. Der berühmte Henry Morgan z.B., der im englischen Auftrag kaperte, wurde zum stellvertretenden Gouverneur Jamaikas. Weniger berühmte Seeräuber bekamen gute Posten auf den Schiffen der großen Handelsgesellschaften. Ein Drittel der französischen Kapitäne der Ostindischen Kompanie war vorher Piraten gewesen. Auf Tortuga und im Nordwesten Haitis gab es sogar über mehrere Jahrzehnte eine Freibeuterrepublik, die erst 1693 mit dem Frieden von Rijswijk eine französische Kolonie wurde.

Dieser Frieden wurde geschlossen, nachdem die europäischen Mächte sich geeinigt hatten, wer sich welches Stück vom großen kolonialen Kuchen abschneiden durfte. Jetzt wurde die Piraterie zum Störfaktor im Kolonisationsprozeß. Von da an wurde Piraterie zunehmend kriminalisiert und verfolgt.

Doch es gab auch SeeräuberInnen, die von jeher verfolgt wurden, weil sie sich nicht von den Regierungen vereinnahmen ließen, zu einem großen Teil also Leute, die wir heute als „Aussteiger" bezeichnen würden, Menschen, die sich den bürgerlichen Gesetzen nicht un-

144

terordnen wollten oder mit ihnen in Konflikt geraten waren. Ihnen ging es nicht darum zu plündern, um reich zu werden; vielmehr war ihr Ziel, mit möglichst geringem Arbeitsaufwand möglichst schnell an Beute zu kommen, um diese genauso schnell wieder zu verprassen.

Diese Art der „autonomen" Piraterie war Sand im Getriebe des Kolonisierungsprozesses. Ihre Akteure ließen sich weder erfassen noch durch Geld oder Ämter korrumpieren. Sie wurden deshalb zum Ziel internationaler polizeilicher Verfolgung. Es ist sicher kein Zufall, daß sich hauptsächlich unter diesen Abenteurern die Frauen befanden, die uns als Piratinnen bekannt sind.

DIE BUKANIERIN JACQUOTTE DELAHAYE

Tortuga, Schildkröte, heißt eine kleine Insel nördlich von Haiti. Über diese Insel und über Santo Domingo, den Nordwesten Haitis, erstreckte sich die Filibusterrepublik. „Flibustier" hießen – ursprünglich als Verspottung des englischen „Free-booters" – die französischen FreibeuterInnen. AbenteurerInnen und AussteigerInnen, die, aus welchen Gründen auch immer, Frankreich verlassen hatten, fanden in diesem entlegenen Paradies eine neue Heimat, in der sie ihre Träume von einem freien Leben ohne Gesetze und Gerichte verwirklichen wollten. Viele von ihnen hatten von den IndianerInnen die Herstellung von Rauchfleisch gelernt, das auf den sogenannten Boucan-Rosten geräuchert wurde und das sie an die Seeleute verkauften. Deshalb wurden sie auch Bukanier genannt.

An einem Tag in den sechziger Jahren des 17. Jahrhunderts ging ein spanisches Schiff an der Küste der Filibusterrepublik vor Anker. Vierzig Lanzeros gingen an Land, um den hier lebenden Franzosen den Garaus zu machen. An dem Land waren die Spanier nicht interessiert, denn hier gab es nichts mehr zu holen. Tortuga und Haiti waren bereits ihrer Schätze beraubt, dafür hatten die Spanier in den vorhergehenden Jahrhunderten gesorgt. Nachdem sie Silber und Perlen geplündert und die indianische Bevölkerung durch Zwangsarbeit so gut wie ausgerottet hatten, hatten sie das Gebiet wieder verlassen. Lediglich ein paar Schweine und Rinder ließen sie zurück, die sich inzwischen enorm vermehrt hatten.

Was die Spanier störte, war die Handvoll französischer Bukanier, die das langjährige Handelsmonopol Spaniens zunehmend durchbrachen. Ihr auf dem Boucan-Rost geräuchertes Fleisch war nicht nur schmackhafter, sondern auch haltbarer als das von den Spaniern importierte, so daß die Kapitäne und Matrosen lieber die Produkte der Bukanier kauften als das auf der langen Fahrt schon halb verfaulte Fleisch aus Europa. Weil die Spanier um ihren Absatzmarkt fürchten mußten, machten sie Jagd auf die Bukanier.

Die vierzig berittenen Lanzeros durchkämmten den Busch. Als sie die Fußspuren von drei Menschen entdeckten, nahmen sie die Verfolgung auf. Die drei Bukanier konnten nicht fliehen, ihre kläffenden Hunde verrieten sie. Deshalb warteten sie, das Gewehr im Anschlag, auf die Verfolger, die sie umzingelten. Einer der drei war eine Frau.

„Kehrt sofort um", riefen die Lanzeros, „dann lassen wir euch leben."

„Lernt erst mal unsere Gewehre kennen", antwortete die Frau.

„Aber ihr seid drei gegen vierzig", entgegnete einer der Lanzeros.

„Selbst wenn ich allein wäre, würde ich nicht umkehren", schrie die Bukanierin und eröffnete das Feuer.

Die Frau, die in dieser Schießerei ihr Leben ließ, war die sagenumwobene Jacquotte Delahaye. Außer Geschichten wie dieser ist sehr wenig über sie bekannt. Jacquotte hatte ihre Eltern im Gemetzel mit den Spaniern verloren und wuchs bei einem Freund ihrer Eltern auf. Sie war nicht größer als 1 Meter 56 und bekannt für ihren unbezwingbaren Mut und Freiheitsdrang. Als der Freibeuter Michelle de Vasque, von dem behauptet wird, daß er Köpfe spalten konnte, ihr einen Heiratsantrag machte, lehnte sie ab mit der Begründung: „Ich kann keinen Mann lieben, der mich kommandiert. Genauso wenig kann ich einen lieben, der sich von mir kommandieren läßt."

Sie selbst kommandierte circa hundert Männer, mit denen sie in einer Nacht des Jahres 1656 das Fort de la Roche überfiel, um die Filibusterrepublik zurückzugewinnen, die seit zwei Jahren in spanischer Hand war. Der Coup gelang, die FreibeuterInnen gewannen die Insel zurück, Jacquotte Delahaye wurde Beraterin des Gouverneurs.

Wie die meisten ihrer Landsleute war Jacquotte Delahaye Bukanierin und Filibusterin gleichzeitig. Das heißt, sie jagte, sammelte und plünderte Schiffe, je nach Lust und Bedarf. Wie das wilde Leben dieser Weißen aussah, die sich auch „Küstenbrüder" nannten, beschrieb der Forschungsreisende Alexandre Exquemelin, der einige Zeit unter ihnen gelebt hatte.

„Diese Bukanier bleiben bis zu zwei Jahren im Busch; danach fahren sie zur Insel Tortuga, um dort ihre Vorräte an Pulver, Blei, Flinten, Leinwand und dergleichen zu ergänzen. Sind sie dort angekommen, so verprassen sie in einem Monat alles, was sie in den zwei vorangegangenen Jahren verdient haben. Sie schütten den Branntwein wie Wasser in sich hinein, kaufen ein ganzes Faß Wein, zapfen es an und saufen es in kürzester Zeit leer... Nachdem sie alles aufgezehrt und dann noch eine Weile auf Pump gelebt haben, gehen sie in den Busch zurück, wo sie wieder ein bis zwei Jahre bleiben."[1]

Das Leben der Bukanier hatte etwas Anarchisches. Ihre Wirtschaftsform war die Subsistenzproduktion, d.h. sie kümmerten sich nur um das, was sie für den unmittelbaren Lebensunterhalt brauchten. Anhäufung und Vermehrung von Besitz interessierten sie nicht. „Warum sparen, wenn wir morgen schon tot sein können?" lautete ihre Devise. Die Küstenbrüder kannten weder Familie noch Vaterland, sie plünderten nicht, um sich auf ewig zu bereichern, sondern um so schnell wie möglich alles wieder zu verprassen.

Mit diesem Lebensstil paßten sie nicht in das Konzept des kapitalistischen Systems, das auf Vermehrung von Besitz beruht und das den Kolonisierungsprozeß vorantrieb. Alle Versuche, die Bukanier zu erfassen und zu verwalten oder sogar seßhafte Siedler aus ihnen zu machen, schlugen fehl.

Genau das aber ist der Grund, warum die Küstenbrüder heute viel Sympathie genießen. Mit ihrem spontanen Ungehorsam und ihrer „Staat – nein danke"-Haltung, mit ihrer Verachtung bürgerlicher Werte wie Sparsamkeit, Fleiß und Genügsamkeit, könnten sie heute Vorbild für manche Autonome sein. „Friede den Barken – Krieg den Galionen", hätte ihre Devise auch heißen können.

Einige Historiker neigen dazu, die Küstenbrüder zu idealisieren und zu Vorreitern einer sozialistischen Gesellschaft hochzustilisieren. Dabei lassen sie außer Acht, daß auch die Bukanier Sklaven und Knechte hatten, die sie keineswegs besser behandelten als die anderen Invasoren. Alexandre Exquemelin jedenfalls schrieb: „Ihren Knechten gegenüber sind diese Leute grausam und unbarmherzig. Ich würde lieber drei Jahre auf einer Galeere zubringen als ein Jahr in den Diensten eines Bukaniers."

Auch ihre Haltung gegenüber Frauen war nicht anders als die der übrigen Invasoren. Frauen waren für die Bukanier eine Ware, die geraubt, getauscht oder „brüderlich" geteilt werden konnte. Die Männerbünde der Bukanier waren also nicht weniger sexistisch und rassistisch als die restliche Welt im 18. Jahrhundert.

Jacquotte Delahaye als „Gleichberechtigte" unter den Küstenbrüdern war eine Ausnahme. Ihre Position in der Männergesellschaft hat sie sich vermutlich durch besondere Härte und Klugheit erarbeitet.

EINLADUNG ZU EINEM GELAGE AM STRAND

Die BukanierInnen aßen nicht nur ihr würziges Rauchfleisch. Oft veranstalteten sie Gelage, bei denen frisch gegrilltes Schwein nicht fehlte. Die ausführliche Beschreibung einer solchen Festivität liefert Pater Labat in seinem Reisebericht aus dem Jahr 1692.[2]

Die BukanierInnen fertigten einen Grillrost an, indem sie vier armdicke Astgabeln in den Boden rammten, die ein Viereck von etwa fünf mal drei Fuß bildeten. Dann verbanden sie Querhölzer mit fingerdicken, entrindeten Spießen und hängten sie in die Astgabeln. Das Ganze wurde mit Lianensträngen zusammengebunden.

Unterdessen nahmen einige das Schwein aus und rieben es von innen mit Salz, Zitronensaft und reichlich grob gestoßenem Piment und Pfeffer ein. Das so vorbereitete Schwein legten sie mit dem Bauch nach oben auf den Rost und zündeten das Feuer an.

Während das Schwein briet, gingen einige auf die Jagd nach zusätzlichem Wildbret, andere machten sich daran, Cachibou-Blätter an vier Ecken mit einer dünnen Liane hochzubinden, um die Bratensoße hineinfüllen zu können. Diese Soße wurde im Bauch des Schweines bereitet, aus dem austretenden Bratensaft und vielen Gewürzen. Eine andere Soße wurde aus einer Mischung von Zitronensaft, Pfeffer, Salz und Piment zubereitet.

Pater Labat berichtet: „Sobald man nun glaubte, daß der Braten fertig sei, rief man die Jäger mit zwei Flintenschüssen, die kurz aufeinander abgefeuert wurden, zusammen. Das ist nämlich vorgeschrieben, da bei den Bukaniergesellschaften keine Glocken eingeführt sind. Sobald alle eingetroffen waren, rupfte man das mitgebrachte Vogelwildbret und warf es, je nach seiner Beschaffenheit, entweder in den Schweinebauch hinein, der hierbei anstatt eines Topfes dienen mußte, oder steckte es an einen Spieß, den man vor das Feuer hinpflanzte, wo es gebraten wurde...“

Wenn das Fleisch gar war, schnitten sich alle ein Stück ab und tunkten es in eine der Soßen. Zu dieser feurig-scharfen Mahlzeit wurden Bananen gereicht, die das Feuer im Rachen milderten. Dazu tranken die BukanierInnen Wein und Zuckerrohrschnaps.

DIE FREIBEUTERIN ANNE DIEU-LE-VEUT

Seit 1664 regierte Bertrand d'Ogeron die Filibusterrepublik. Er hatte einen ziemlich guten Draht nach Frankreich und die Absicht, aus den Filibustern und Bukaniern ordentliche Siedler zu machen. Durchsetzen wollte er diesen Plan mit Familienpolitik. Die wilden Weißen sollten heiraten und treusorgende Familienväter werden. Dazu brauchte er Frauen, weiße Frauen. Es begann ein Mädchenhandel von Frankreich nach Tortuga, an dem sich nicht nur Privatleute, sondern auch die Westindische Kompanie Frankreichs profitabel beteiligten. Sie brachten Frauen aus armen Verhältnissen, die in ihrer Heimat keine Zukunft hatten, in die „Neue Welt". Doch die wenigsten von ihnen kamen auf die Idee, die hier lebenden Männer seßhaft zu machen, geschweige denn zu heiraten. Die meisten Frauen reisten schnell wieder ab, einige nahmen die Lebensweise der Bukanier an. Eine von ihnen hieß Anne Dieu-le-veut.

Die Bretonin heiratete den Filibuster Pierre Le Long, der Port Froncois auf Haiti gegründet hatte und bald nach der Heirat starb. Eines Tages kam ihr zu Ohren, daß der bekannte Pirat Laurent de Graffe abfällig von ihr gesprochen hatte. Sie suchte ihn auf, um die Sache zu klären. Laurent de Graffe lag noch in seiner kargen Hütte im Bett und schlief einen Rausch aus.

„Steh auf", schrie die Frau, die mit einer Knarre in der Hand auf seiner Türschwelle stand.

Laurent, noch ganz verschlafen, sammelte seine Lebensgeister und blinzelte sie an.

„Steh auf!" Anne Dieu-le-veut unterstrich ihren Befehl mit einem kräftigen Schlag in den Nacken. „Oder meine Stimme wird das letzte sein, was du gehört hast, und dieses Bett deine letzte Ruhestätte." Reflexartig griff der Pirat nach dem Entersäbel an seinem Gürtel, ohne den er nie ins Bett ging. Blitzschnell feuerte Anne eine Kugel ab und begann, Laurents Ledertruhe zu perforieren.

Allmählich dämmerte dem Piraten, was sie wollte, und er sagte: „Bei den Hörnern des Teufels, ich habe schlecht gesprochen. Wenn du darauf bestehst, bin ich bereit, mich öffentlich zu entschuldigen. Aber ich ziele nicht auf Frauen. Ich schlage mich nicht mit Weibern."

„Das ist deine Sache", antwortete Anne. „Ich gehe jetzt. Wenn die Sonne den Büffelweg erreicht hat, komm' ich zurück. Ob du dich dann verteidigst oder nicht, ist ganz allein deine Sache. Ich werde ziehen."

Anne Dieu-le-veut kam tatsächlich zurück. Wenn wir Alexandre Exquemelin glauben dürfen, hat Laurent de Graffe sich so galant bei ihr entschuldigt, daß sie ihn vom Fleck weg geheiratet hat. „Der Kapitän war sehr schön. Er war von großer Statur, hatte ein schönes Gesicht, goldblondes Haar und einen spanischen Bart, der ihm am besten von allen auf der Welt stand", erklärt er Annes Entscheidung.

Worin unterschied sich die Freibeuter- oder Filibusterrepublik von den anderen Kolonien? Immerhin war auch sie ein staatliches Gefüge mit Gouverneur und Gesetzen. Die Freibeuter von Tortuga und Haiti plünderten die neuen Länder und die fremden Schiffe genauso wie alle anderen. Doch sie taten es nicht für ein Vaterland, sondern für sich selbst. Die Nationalität ihrer Opfer und deren momentane politische Bedeutung interessierten die Filibuster wenig. Deswegen galten ihre Überfälle als Verbrechen. Plündern für den Eigenbedarf hieß „Piraterie" und war nach europäischem Recht verboten. Raubüberfälle im Namen einer europäischen Nation wurden „Kaperfahrten" genannt und waren als politische Aktionen erlaubt.

Obwohl die Bevölkerung der Seeräuberrepublik größtenteils aus Frankreich kam, wollte der französische König keine Verantwortung für ihre Untaten übernehmen. Auf Beschwerden antwortete er, auf Tortuga und Haiti habe er keinen Besitz und ließe keine Steuern eintreiben.

Die Gesetze der Filibuster, die das Leben auf ihren Schiffen regelten, waren geradezu basisdemokratisch im Vergleich zu denen der Kriegs- und Handelsmarine. Während dort der Kapitän in unumschränkter Macht über seine Besatzung herrschte und über Folter- und Todesstrafe für seine Untergebenen bestimmte, gab es auf den Freibeuterschiffen etwas, das unseren heutigen Vorstellungen von Mitbestimmung nahekommt. Der Kapitän wurde per Mehrheitsbeschluß gewählt und konnte jederzeit abgewählt werden. Die alleinige Befehlsgewalt hatte er nur im Kampf, ansonsten besaß er kaum Vorrechte der Besatzung gegenüber. Alle bekamen das gleiche Essen, die Beute wurde vorschriftsmäßig aufgeteilt, Sonderprämien gab es für die, die das gekaperte Schiff zuerst gesichtet und es zuerst erstiegen hatten.

Bemerkenswert ist das Kranken- und Versicherungssystem der

Filibuster, das in seiner Zeit einmalig war. Die Gemeinschaft bezahlte einen Schiffsarzt. Wer im Kampf verletzt wurde, bekam eine Entschädigung. Von einer derartigen sozialen Absicherung konnten die Leute auf den Kriegs- und Handelsschiffen nur träumen. Dennoch übertreiben die heutigen Piratenhistoriker, die die Filibuster gerne als Vorläufer des Sozialstaats oder gar einer kommunistischen Gesellschaft sehen, in der angeblich alles gleichmäßig verteilt wurde. Die Überlieferungen der Zeitgenossen zeigen, daß die Gesellschaft der Filibuster keineswegs so klassenlos und erst recht nicht so rassenlos war, wie oft behauptet wird. Alexandre Exquemelin über die Filibustergesetze:

„Ist ein Mann verwundet oder hat er Gliedmaßen verloren, so bekommt er folgende Entschädigung: für den rechten Arm 600 Peseten oder sechs Sklaven, für den linken Arm 500 Peseten oder fünf Sklaven. Für ein verlorenes rechtes Bein erhält man 500 Peseten oder fünf Sklaven, für ein linkes 400 Peseten oder vier Sklaven. Für ein verlorenes Auge erhält man ebensoviel wie für einen verlorenen Finger, nämlich 100 Peseten oder einen Sklaven... Danach wird der Rest gleichmäßig auf die Mannschaft verteilt. Der Kapitän erhält vier bis sechs Anteile für sein Schiff, zwei weitere für seine Person. Schiffsjungen werden mit einem halben Anteil entlohnt; den Gesellen, die noch keinen Beutezug mitgemacht oder die sich als untauglich erwiesen haben, wird etwas abgezogen und unter die anderen verteilt."

Die genannten Historiker zitieren gern dieses Filibuster-Gesetz, lassen dabei aber die Sache mit den Sklaven wohlweislich weg, denn das paßt nicht ins romantische Bild vom edlen Seeräuber. Doch die Art der Beuteverteilung nach dem Motto: je größer das Risiko, um so größer der Gewinn, zeigt, daß auch die Filibuster nicht ganz frei waren vom kapitalistischen Leistungsprinzip.

Seit ihrer Heirat begleitete Anne ihren Gatten Laurent de Graffe auf allen Kaperfahrten, doch sie kämpfte nicht mit. Sie galt als Glücksbringerin, denn seit sie auf dem Schiff war, gelangen alle Überfälle. Selber kämpfte sie erst, als ihr Mann tot war.

In einer Schlacht mit einem spanischen Schiff wurde Laurent de Graffe von einer Kanonenkugel getroffen und vor den Augen der Besatzung in zwei Stücke gerissen. Die Besatzung erstarrte vor Schreck und war einen Moment lang nicht in der Lage, weiterzukämpfen. Da griff Anne Dieu-le-veut ein und begann, die Manöver zu befehlen.

Sie präsentierte den Spaniern die Flanke des Schiffes, das mit Pulver beladen war. Die waren bereits im Begriff zu entern. Doch Anne Dieu-le-veut leitete die Besatzung mit solcher Geschicklichkeit, daß sie die Verteidigungssituation in einen Angriff umwandelten. Kurze Zeit später krachten die Enterhaken der Filibuster in das Holz des spanischen Schiffes.

Nach langem Kampf gewannen doch die Spanier, weil sie in der Überzahl waren. Anne wurde verwundet und gefangengenommen. Was aus ihr wurde, ist nicht bekannt. Überliefert ist nur, daß sie eine Tochter hatte, die ebenfalls Abenteurerin war. Sie war auch nicht gerade zartbesaitet. Einen Heiratsantrag beantwortete sie mit der Aufforderung zum Duell.

Was aus der Freibeuterrepublik auf Tortuga und Santo Domingo wurde, wissen wir aus den Geschichtsbüchern: Sie verkam zur französischen Kolonie, bis sie mit dem Frieden von Rijswijk im Jahr 1693 auch offiziell dazu erklärt wurde.

Deshalb brechen wir lieber wieder auf. In einer Bucht bei Corvocco auf den Kleinen Antillen wartet ein Schiff mit blankgeputzten Kanonen und gut gekleideten Leuten. Auf der Kommandobrücke steht eine wunderschöne, in Samt gehüllte, mit Diamanten geschmückte Gestalt. Mit Bartholomew Roberts verlassen wir die Karibik, denn die Schiffe der Royal Navy sind ihr dicht auf den Fersen. Seit dem Frieden von Rijswijk ist Piraterie endgültig zum Verbrechen erklärt worden, er ist der Beginn einer international abgestimmten Jagd auf SeeräuberInnen. Wir segeln gen Norden, überqueren den Wendekreis des Krebses, und bald schon zeichnen sich im Nebel die Umrisse der Neufundlandbänke ab.

DIE SEEFÜRSTIN BARTHOLOMEW ROBERTS
War der „erfolgreichste Pirat" eine Frau?

„Roberts segelte zum Hafen von Trepassy, Neufundland, in wahrer Piratenmanier, mit wehender schwarzer Fahne, mit Paukenschlag und Trompetenhall. Am Hauptmast hing eine Fahne, auf der ein Totenkopf und Entermesser abgebildet waren. Eine zweite Fahne zeigte die englischen Farben. Obwohl seine Schaluppe nur mit zehn Geschützen bewaffnet war, rief sie Bestürzung hervor in den Herzen der Besatzungen und der Bewohner an Land. Zweiundzwanzig Schiffe lagen im Hafen, doch alle Besatzungen verließen sie sofort, als sie den Piraten erkannten. Feige flohen sie an Land, als sie sahen, wie er tollkühn und mit Leib und Seele vorging, was so charakteristisch für ihn war. Doch er zog es vor, zu erschrecken statt zu töten."[3]

War Bartholomew Roberts, „der erfolgreichste Pirat seiner Zeit", eine Frau? „Vieles spricht dafür, nichts dagegen", schreibt der Piratenhistoriker Wolfram zu Mondfeld.

Endgültige Beweise gibt es nicht. Der Körper von Bartholomew Roberts, der die Wahrheit ans Licht gebracht hätte, wurde sogleich nach ihrem Tod im Kampf von ihrer Besatzung in voller Bekleidung über Bord geworfen. Das war ihr ausdrücklicher Wunsch, den sie oft wiederholt hatte. Dieser Wunsch könnte bereits ein Hinweis auf das wahre Geschlecht von Bartholomew Roberts sein. Im 17. Jahrhundert gingen nicht wenige Frauen als Männer verkleidet an Bord, und einige wurden erst nach ihrem Tod als Frau entlarvt (s. übernächstes Kap.).

Bartholomew Roberts war nicht nur wegen ihres sagenhaften Erfolges als Piratenkapitän berühmt – sie kaperte mehr als vierhundert Schiffe –, sondern auch wegen ihrer ausgesprochenen Originalität. Ein Journalist hat sie beschrieben: „Er ist groß und schlank, mit gut geschnittenem Gesicht und dunklen Haaren. Auch im Gefecht trägt er Damast, Atlas, Brokat und Seide mit reichen Goldlitzen am roten Rock, der dem der höchsten britischen Offiziere nachgebildet ist. An einer schweren, sechsfachen Goldkette hängt ihm ein großes, mit Diamanten besetztes Kreuz um den Hals, das aus der *Sagrada Familia* stammt und als Geschenk für den König von Portugal bestimmt gewesen war. Auch die Griffe seiner Pistolen sind mit Juwelen besetzt. Seinen Hut schmücken die seltenen und überaus kostbaren blutroten Federn des Paradiesvogels."

XXX

Nicht wenige Zeitgenossen vermuteten oder wußten vielleicht sogar, daß der gutaussehende, intelligente Pirat eine Frau war. Viele Anspielungen in den Aussagen ihrer Besatzungsmitglieder im Prozeß von Cap Corso Castle deuten darauf hin. Die Bilder, auf denen Bartholomew Roberts einen dichten Schnäuzer trägt, sind Phantasieprodukte. Das einzige authentische Bild zeigt eine schmale, bartlose Person mit grimmigem Blick, modischen Kniehosen und Wadenmuskeln wie Martina Navratilova.

Über ihre Herkunft ist wenig bekannt. Bartholomew Roberts kam aus Wales. 1719 heuerte sie auf einem englischen Sklavenschiff an und arbeitete dort als dritter Maat. Was sie vorher gemacht hatte, ist nicht bekannt. Berichte über ihre Bildung und ihr vornehmes Betragen lassen vermuten, daß sie bessere Zeiten erlebt hatte als die auf dem Sklavenschiff, die von Schwerarbeit, mangelnder Verpflegung, stinkenden Schlafplätzen und Prügelstrafen bestimmt war. Die *Princess*, so hieß das Schiff, hatte die Genehmigung der Royal Africa Company, SklavInnen aus Westafrika in die „Neue Welt" zu transportieren. Seit dem Ende des ersten spanischen Erbfolgekriegs im Jahr 1713 gingen unzählige englische Seefahrer diesem lukrativen Gewerbe nach. England hatte aufgrund einer Sonderklausel im Friedensvertrag von Utrecht die Exklusivrechte auf den Verkauf von „black ivory", schwarzem Elfenbein, wie die schwarzen SklavInnen genannt wurden, in die spanischen Kolonien. Die Royal Africa Company hatte per königlicher Verfügung das Monopol für diesen Handel. Es war nicht das erstemal, daß das britische Königshaus vom Sklavenhandel profitierte.

Als die *Princess* vor der Küste von Guinea von Piraten angehalten und kampflos ausgeraubt wurde, beschlossen Bartholomew Roberts und weitere vierunddreißig Leute von ihrem Schiff, sich auf die Seite der Seeräuber zu schlagen. „In ehrlichen Diensten", so hat Bartholomew Roberts im nachhinein ihre Entscheidung begründet, „gibt's schmale Kost, niedrige Heuer und harte Arbeit; hier dagegen Überfluß und Sattheit, Vergnügen und Wohlsein, Freiheit und Macht; und wer würde nicht den Saldo zu seinen Gunsten ausgleichen, wenn man im schlimmsten Falle lediglich Gefahr läuft, beim Ersticken noch einen oder zwei scheele Blicke zu versenden. Nein, ein lustiges Leben und ein kurzes, das soll mein Wahlspruch sein."

Dieses Zitat stammt von Daniel Defoe, dem Autor des Romans *Robinson Crusoe*. Fünf Jahre nach Erscheinen seines Bestsellers veröffentlichte er unter dem Pseudonym Charles Johnson eine journalistische Arbeit mit dem Titel „Umfassende Geschichte der Räubereien und Mordtaten der berüchtigten Piraten".[4] Der Verfasser kannte sich gut in der Piratenszene aus; vermutlich war er bei manchem Kaperzug selbst dabei. Bartholomew Roberts ist die Person, über die er am ausführlichsten berichtet.

Black Barty, wie Frau Roberts wegen ihres dunklen Teints auch genannt wurde, war sechs Wochen nach ihrem Übertritt zu den PiratInnen bereits zum Kapitän gewählt worden. Sie bezeichnete sich und ihre Besatzung als „Sealords". Sie fluchte nicht, rauchte nicht und trank keinen Alkohol, was für ein Piratenleben äußerst exotisch war. Sie zog es vor, in ihrer nobel ausgestatteten Kajüte Fruchtsäfte zu trinken, die schon damals teurer waren als Alkohol, oder Tee aus silbernem Geschirr.

Entgegen den sonstigen Gewohnheiten auf den Piratenschiffen hatte Bartholomew Roberts die Kapitänskajüte für sich allein. Alle respektierten ihren Wunsch, allein zu schlafen und zu essen. Die Edelpiratin achtete auf Sauberkeit und Ordnung an Bord, sie verlangte von ihren Leuten, daß sie ihre Gewehre, Pistolen und Entermesser blank putzten. Prügeleien auf und unter Deck waren ebenso verboten wie Karten- und Würfelspiele um Geld. „Wer in schmutziger oder abgerissener Kleidung auf dem Schiff oder an Land angetroffen wird, ist mit Aussetzen auf einer einsamen Insel zu bestrafen", lautet einer der Artikel, die Black Barty mit ihrer zierlichen Handschrift aufgeschrieben hatte.

Diese Artikel regelten das Leben an Bord. Sie garantierten ähnlich wie die Gesetze der Filibuster gleiches Stimmrecht für alle, fast gleich große Beute für fast alle – nur Kapitän und Quartiermeister bekamen das Doppelte – und sanktionierten Betrug und Diebstahl innerhalb der Besatzung. Das Original dieses Gesetzbuchs ist nicht mehr vorhanden. Es wurde angeblich über Bord geworfen, bevor es in die Hände der Obrigkeit fallen konnte. Daniel Defoe hat einzelne Artikel wiedergegeben, einer davon lautet: „Kein Junge und keine Frau sollten bei ihnen zugelassen werden. Wenn jemand dabei ertappt wurde, wie er eine der letzteren verführte und verkleidet auf hoher See mitnahm, so sollte er des Todes sein."

Ist es wahrscheinlich, daß eine Frau, die selbst als Mann verkleidet auf einem Schiff lebte, ein solches Gesetz aufgestellt hat? Der Artikel richtet sich gegen Frauen (und Jungen!), die als Geliebte eines Besatzungsmitglieds an Bord kamen. Verkleidete Frauen als Matrosenliebchen wollte Bartholomew Roberts nicht haben.

Diese Regelung galt übrigens nicht nur bei den Piraten, sondern auf allen Schiffen: Frauen waren an Bord verboten, denn man befürchtete Streit und Eifersucht unter den Männern.

Dennoch unterscheidet sich der Artikel von Bartholomew Roberts in einem wichtigen Punkt von der offiziellen Rechtsprechung: Während sie den Männern, die Frauen an Bord schmuggelten, mit der Todesstrafe drohte, wurden anderswo die Frauen zum Tode verurteilt, wenn sie entlarvt wurden. Wie die überlieferten Gerichtsurteile zeigen, wurden die Frauen am härtesten bestraft, die sich als Männer verkleidet hatten, um ein Leben als Mann zu leben. Diejenigen, die nur ihrem Geliebten folgten, kamen meistens mit einem milderen Urteil davon. Auch darüber mehr im übernächsten Kapitel.

Wer zu Black Barty's Crew neu hinzukam, mußte auf die Bibel schwören, daß er – oder sie – die Artikel befolgte. Roberts war bekannt dafür, daß sie nur die aufnahm, die freiwillig diesen Eid leisteten. Zwar behaupteten später die Angeklagten vor den Richtern in Cap Corso Castle, sie seien dazu gezwungen worden, doch das waren Schutzbehauptungen. Höchstwahrscheinlich hatten sie sich vorher darum gerissen, unter dem Kommando des erfolgreichen „King of the pirates" segeln zu dürfen.

Bartholomew Roberts sprach eine gepflegte Sprache, egal ob es sich um Erpressung handelte, um die Planung eines Kaperzugs oder um die Freipressung von Gefangenen. Tausch ist kein Raub, pflegte sie etwa zu sagen, wenn sie sich ein neues, vollbeladenes Schiff angeeignet und den Beraubten ihr altes Schiff überlassen hatte.

Sorgfältig und genau stellte sie über ihre Beute Quittungen für die Versicherungsgesellschaften an Land aus. So erhielt der Kapitän eines französischen Schiffes das folgende Schreiben: „Hierdurch wird für Jeden, den es angeht oder angehen kann, bezeugt, daß wir Glücksritter acht Pfund Goldstaub als Lösegeld für Hardey und Kapitän Dittwitt erhalten haben und besagtes Schiff darum freigeben, laut unserer Unterschrift. 13ter Jan. 1722, Batt. Roberts."[5]

Bartholomew Roberts war eine talentierte Führungskraft. Ihre Methode ist vergleichbar mit dem, was in heutigen Unternehmen „sanftes Management" genannt wird. Sie war beliebt bei ihren Leuten, nachsichtig, wußte sich aber abzugrenzen. Als sie merkte, daß sich einige Neider zu einem Komplott zusammenzuraufen drohten, machte sie sie zu ihrem persönlichen Rat. Vor allem aber zeigte sie Höchstleistungen: in strategischen und navigatorischen Fragen ebenso wie im Schießen und Zustechen.

Mit Gewalt ging Bartholomew Roberts – verglichen mit männlichen Zunftgenossen – relativ sparsam um. Zwar ist Gewalt die Basis für Kaperzüge, denn ohne Bedrohung funktionieren sie nicht, aber sinnlose Gemetzel, wie sie z.B. die englischen Nationalhelden Francis Drake oder Henry Morgan veranstalteten, waren nicht ihre Sache. Sie konzentrierte sich darauf, ihren Opfern Angst einzujagen. Das genügte in den meisten Fällen, um ans Ziel zu gelangen: Geld, Schmuck, Waffen, Zucker, Felle, Stoffe, Mehl, Rindfleisch und Rum. Mit diesen Waren gingen Black Barty und ihre Mannschaft allerdings gnadenlos um. Daniel Defoe beschreibt einen typischen Überfall.

„Sie rissen die Luken auf und drangen in den Laderaum ein wie ein Haufen von Furien, zerschnitten und erbrachen sämtliche Ballen, Truhen und Kisten, derer sie nur habhaft wurden, und wenn irgendwelche Waren auf Deck gebracht wurden, die sie nicht wegschleppen wollten, so warfen sie sie über Bord ins Meer, anstatt sie wieder in den Laderaum zu schaffen; bei alledem stießen sie unablässig Flüche und Verwünschungen aus, eher Teufeln denn Menschen ähnlich."

Den Verfasser scheinen diese Plünderungsaktionen mehr zu empören als die nebenbei erwähnte Tatsache, daß die PiratInnen die Passagiere mit dem Tode bedrohten. Aber was war menschliches Leben zu jener Zeit schon wert? Das Leben der Schwarzen wurde mit Zucker aufgewogen, das Leben der IndianerInnen hatten die Kolonialisten für Gold, Silber und Perlen eingetauscht. Und ihr eigenes Leben war Bartholomew Roberts und ihrer Crew nur solange etwas wert, solange sie es führen konnten, wie es ihnen gefiel: „Ein lustiges Leben und ein kurzes."

Die Edelpiratin liebte die schönen Künste. Ihr Bordorchester, das im Kampf dazu diente, durch laute Horrorklänge Furcht zu erregen, mußte ihr in Mußestunden Musik von Bach oder Händel vorspielen. „Die Musiker dürfen am Sabbath-Tage ruhen, nicht aber, es sei denn mit besonderer Erlaubnis, an den anderen sechs Tagen und Nächten", heißt es in ihrem Gesetz.

Auch was die bildende Kunst betraf, war Black Barty sehr aufgeschlossen und kreativ. So ließ sie z.B. mehr als einmal eine neue Piratenflagge entwerfen, die den ewig gleich dreinblickenden Totenkopf ablösen sollte. Die Modelle wurden immer ausgefeilter und differenzierter. Dem Schädel mit Entermesser folgte eine Kreation mit der Gestalt von Bartholomew Roberts, in der einen Hand ein flammendes Schwert, in der anderen ein Stundenglas, unter den Füßen je einen Totenschädel. Das Ganze in weiß auf schwarzem Grund, wie es der Tradition entsprach Die beiden Schädel tragen die Abkürzungen ABH und AMH. Das bedeutete: *A Barbadian's Head* und *A Martinician's Head*. Bartholomew Roberts hatte die Leute von Barbados und Martinique zu ihren größten Feinden erklärt.

Eine andere Flagge zeigte Bartholomew Roberts, wie sie dem Tod in Gestalt eines Skeletts die Hand reicht. Beide halten das Stundenglas. Darunter ein tropfendes Herz. In seiner anderen Hand trägt das Gerippe einen Pfeil, der nach unten zeigt, Richtung Hölle.

Diese Symbole lassen ahnen, wie Bartholomew Roberts und ihre Besatzung ihr Verhältnis zum Tod sahen. Der Tod war stets präsent; indem sie ihn nicht fürchteten, machten sie ihn sich zum Bundesgenossen. „Sie sind wie Tollgewordene, die Feuerbrände, Pfeile und den Tod schleudern und sagen: Haben wir nicht Vergnügen?" schreibt Daniel Defoe. „Sie sagten zu Kapitän Cary, sie würden sich keinem Gnadenakt unterwerfen; auch würden sie nicht nach Hope-Point gehen, um sich an der Sonne trocknen, aufhängen zu lassen wie Kids und Braddishs Mannschaft; vielmehr würden sie, falls man sie je überwältigen würde, mit einer Pistole das Pulver entzünden und alle miteinander lustig zur Hölle fahren."

Der Galgenhumor verließ die Crew von Bartholomew Roberts nicht, selbst dann nicht, als sie nach dem Tod ihrer Chefin aneinandergekettet an Bord eines Schiffes der königlichen Marine dem sicheren Tod durch Erhängen entgegenfuhren. Als man ihnen alles wegnahm, scherzten sie, man möge ihnen doch wenigstens einen halben Penny lassen, den sie dem alten Charon geben könnten, damit er sie über den Styx setze. Über das magere Essen bemerkten sie, sie fielen so schnell vom Fleische, daß sie am Ende nicht mehr genug Gewicht haben würden, um gehängt werden zu können. Als einer der Gefangenen es doch mit der Angst zu tun bekam und anfing, in der Bibel zu lesen, fragte ihn einer, was er denn damit beabsichtige. „Den Himmel", erwiderte der. „Den Himmel, du Tor", bekam er zur Antwort. „Hast du jemals von einem Piraten gehört, der dorthin gekommen wäre? Gebt mir die Hölle, da geht's lustiger zu. Ich schieße dreizehn Schuß Salut für Roberts, wenn ich hinkomme!"

Bei aller Nähe zu Teufel und Hölle hatten die PiratInnen dennoch einen gewissen Respekt vor Geistlichen. Wie die legalen Plünderer der „Neuen Welt" behandelten auch sie die Prediger mit besonderer Zuvorkommenheit. Daniel Defoe berichtet, daß Bartholomew Roberts einmal bei einem Überfall einen Pfarrer in die Hände bekam. Einige Besatzungsmitglieder waren dafür, ihn als Kaplan zu engagieren. Sie boten ihm an, für gutes Geld bei ihnen zu bleiben. Seine Aufgabe hätte darin bestanden, regelmäßig Punsch zu bereiten und Gebete zu sprechen. Als der Pfarrer dankend ablehnte, ließen sie ihn ziehen. „Am Ende behielten sie nichts, was der Kirche gehörte, mit Ausnahme dreier Gebetbücher und eines Korkenziehers", schrieb Defoe.

Drei Jahre lang kaperte Bartholomew Roberts erfolgreich im Atlantischen Ozean, immer gejagt von den Schiffen der Royal Navy. Im Frühling des Jahres 1722 wurde ihr Schiff vor der südwestafrikanischen Küste von der *Swallow* aufgebracht. Eine Ladung aus den Geschützen des englischen Schiffes beendete ihr Leben. „Er sank auf einen Kanonenblock, was ein gewisser Stephenson vom Ruder her beobachtet hatte, worauf er ihm zu Hilfe eilte", schreibt Defoe, „als er aber erkannte, daß sein Kapitän gewiß des Todes war, brach er in Tränen aus und wünschte, der nächste Schuß möge ihn abtun. Man warf Roberts sogleich über Bord, mit seinen Waffen und in seinem Schmucke, dem Wunsche gemäß, den er zu Lebzeiten wiederholt geäußert hatte."

Gewürze spielten seit jeher eine wichtige Rolle in der Seefahrt und also auch in der Piraterie. Da sie aus fernen Ländern herbeigeschafft werden mußten, waren sie so wertvoll, daß sie im Mittelalter als Zahlungsmittel dienten. Schon 550 n.Chr. führten die Perser, die die ostafrikanische Insel Sansibar und die südchinesische Stadt Kanton besetzt hatten, den Pfefferzoll ein. Reiche Händler mußten für die Passage mit Pfeffer bezahlen. Daher der Ausdruck „Pfeffersäcke". Die Pfefferzölle ließen den Handelsknotenpunkt Bagdad in der sagenhaften Pracht der Märchen aus Tausendundeiner Nacht erblühen. Im Spätmittelalter erhielt man für ein Pfund Safran ein Pferd, für ein Pfund Ingwer ein Schaf, für zwei Pfund Muskatnüsse eine Kuh. Bis in die Neuzeit waren Gewürze eine beliebte Währung und bis 1800 kaum erschwinglich.

Die Gier nach Gold und Gewürzen veranlaßten die spanische Königin Isabella, Kolumbus den Seeweg nach Indien suchen zu lassen. Falls die Erde sich doch als Scheibe herausstellen sollte, dann sollte der verrückte Seefahrer, der es auf ihre Tochter Johanna abgesehen hatte, ruhig über den Weltrand in die Hölle stürzen. Kolumbus kehrte bekanntlich zurück, zwar nicht mit Zimt und Nelken aus Indien, sondern mit Chilis, Piment und Kartoffeln aus Amerika. Die Handelsschiffe, die auf allen Meeren Gewürze beförderten, waren eine beliebte Beute für die PiratInnen.

Pikante Haifischschnitzel
Filets von Haifischen mit Zitronensaft abreiben, mit Pfeffer, Salz, Piment und Kardamom würzen und kurz braten. Wie kurz, verdeutlicht eine alte PiratInnenweisheit: Nimm das Haifischsteak in die rechte Hand und in die linke die Feuerzange. Dann zeige dem Steak eine glühende Kohle und serviere es.

Wer dieses Rezepet ausprobieren möchte, sollte vielleicht statt Haifisch Seeaal nehmen, denn inzwischen gehören die Haie zu den aussterbenden Fischarten.

Inzwischen sind wir in südlichere Gefilde zurückgekehrt, vor uns liegen die Bahamas, von deren paradiesischer Schönheit schon Kolumbus schwärmte, als er sich vor fünfhundert Jahren auf der Suche nach Indien dorthin verirrt hatte. Er war hingerissen vom Duft der fremden Blumen und Pflanzen, den Fischen „in den schönsten Farben der Welt, blau, gelb, rot und in allen möglichen sonstigen Farben und andere tausendfach bemalt und so prächtig, daß niemand umhin kann, sie zu bewundern", und von den Papageienschwärmen, die „die Sonne verdunkeln". Über die dort lebenden Arawaks schrieb Kolumbus an seinen König: „Rührende Leute, ohne Habsucht, ohne Verlangen nach irgend etwas. Ich bin überzeugt, wie ich Eurer Majestät versichere, daß es in der ganzen Welt kein besseres Volk oder Land gibt. Sie lieben ihre Nachbarn wie sich selbst und haben die süßeste Sprache der Welt, sind sanft und lächeln unentwegt." Und er fügte hinzu: „Falls Majestät es befehlen, können sie sämtlich nach Kastilien transportiert oder auf der Insel gefangengesetzt werden. Es genügen fünfzig Mann, um sie zu überwachen und zu zwingen, das auszuführen, was man wünscht." Fünfundzwanzig Jahre später war dieses gelobte Volk ausgelöscht. 40 000 Arawaks wurden von den Weißen nach Haiti gebracht und in den Silberbergwerken verheizt. Die meisten starben schon nach wenigen Monaten.

Wir befinden uns einige Meilen vor der Bahama-Insel New Providence im zweiten Jahrzehnt des 18. Jahrhunderts. Ein französisches Handelsschiff, beladen mit kostbaren Stoffen, ist unterwegs Richtung Westen. Der Kapitän ist unruhig, denn hier soll es über tausend Piraten geben. In den Naturhäfen wimmelt es von Seglern mit der schwarzen Totenkopfflagge.

Die Bahamas sind wie geschaffen für die Piraterie, denn wer kleinere Schiffe hat und das Gelände mit all seinen zerklüfteten und schwer zu umfahrenden Inseln kennt, ist eindeutig im Vorteil gegenüber den behäbigen Handelsschiffen. Nassau, die Hauptstadt der Bahamas auf New Providence, gilt nicht nur als Piratenhochburg, sondern auch als Schwulennest. Auch das bereitet dem Kapitän Herzklopfen.

Plötzlich taucht im Mondlicht ein Schiff auf. Segel und Deck sind blutüberströmt. Am Bug steht eine Frauengestalt. Sie hält ein bluttriefendes Enterbeil in der Hand und schlägt damit unentwegt auf einen menschlichen Körper ein. Das gespenstische Schiff bewegt sich schnell auf die Handelsbrigantine zu. Die Besatzung ist starr vor Entsetzen. Kampflos übergibt sie ihre Ladung den Angreifenden.

Die Idee zu diesem Szenario stammte von Anne Bonny. Sie stand während der Aktion am Bug und schlug mit ihrem Beil auf eine Schneiderpuppe ein. Puppe, Beil und Schiff hatte sie zuvor in Schildkrötenblut getränkt. Den Überfall hatte sie gemeinsam mit ihrem Freund Pierre Vane geplant, einem homosexuellen Friseur aus New Providence. Hauptberuflich war er noch nicht Pirat, aber als er von dem Schiff mit den kostbaren Stoffen hörte, konnte er nicht widerstehen. Er hegte eine große Leidenschaft für das Entwerfen erlesener Kleidungsstücke aus Samt und Seide.

Anne Bonny plante ihre Überfälle mit List und Phantasie. Die gruseligen Shows, die sie dabei inszenierte, ersparten ihr manchen Kampf. Das bedeutet aber nicht, daß Anne Bonny weniger brutal sein konnte als ihre männlichen Kollegen. Der Experte Daniel Defoe schreibt über sie:

„Sie war von ungestümem und draufgängerischem Naturell, weshalb man auch, als sie verurteilt wurde, einige ihr sehr abträgliche Geschichten über sie erzählte, wie zum Beispiel die, daß sie einst in ihrer Wut mit einem Küchenmesser eine englische Dienstmagd getötet habe, während sie auf ihres Vaters Haus achtgab; doch nach gründlicheren Nachforschungen habe ich herausgefunden, daß diese Geschichte jeder Grundlage entbehrt. Gewiß war sie aber so robust, daß sie einmal einen jungen Mann, der ihr gegen ihren Willen beilag, so prügelte, daß er danach beträchtliche Zeit im Bette liegen mußte."

Daniel Defoe's Bericht über die „Räubereien und Mordtaten der berüchtigten Piraten" ist auch die umfassendste und fast die einzige Quelle über Anne Bonny und Mary Read (siehe nächstes Kapitel). Fast alle anderen Seeräubergeschichtenschreiber haben – jedenfalls was Anne Bonny und Mary Read betrifft – Defoes Vorlage ab- oder umgeschrieben, von Philip Gosse mit seinem *Who is who der Piraten* bis zu Hans Leip, dem Autor der *Klabauterflagge*. Bemerkenswert ist, daß der Zeitgenosse Defoe die beiden Frauen ganz in ihrem Beruf aufgehen sieht und voller Bewunderung ihre Kühnheit und Bravour beschreibt, obwohl doch im 18. Jahrhundert die Frauenverachtung besondere Ausmaße angenommen hatte. Die offizielle Hexenverfolgung war schließlich gerade erst abgeschlossen. Die späteren Autoren hingegen qualifizierten zunehmend die beiden Frauen als Piratenliebchen oder Prostituierte ab.

Die amerikanische Feministin Susan Baker hat mit ihren Recherchen und ihrer Phantasie – was wären Piratinnengeschichten ohne Phantasie? – die vom Männerblick verdrehte Geschichte vom Kopf auf die Füße gestellt. In ihrem Buch *Erinnerungen an Frauen*[5] widerlegt sie die überlieferte Version, daß Anne Bonny als Geliebte des berüchtigten Piraten und „Frauenhelden" Calico Jack an Bord eines Piratenschiffes gekommen sei. Jack Rackam war kein „Frauenheld" und erst recht kein Pirat, er kam als Geliebter eines Kapitäns nach New Providence. Sein Spitzname Calico rührte daher, daß er Hosen aus stabiler Kalikobaumwolle trug, die, nie gewaschen, angeblich kugelsicher waren. Ohne Anne Bonny wäre Calico nie Kapitän geworden. Nach einer Meuterei, die vermutlich von Anne angezettelt worden war, kam es zu einer Kapitänswahl: Pierre Vane und Jack erhielten jeweils zehn Stimmen, Anne sechs. Sie warf ihre Stimmen mit denen Calicos zusammen, er wurde Kapitän, sie zweite Kommandantin. Doch offensichtlich war sie die erste Anführerin. Sie quartierte Calico aus der Kapitänskajüte aus und bezog sie allein.

Eine Zeugenaussage aus den Piratenprozessen, die Daniel Defoe aufgezeichnet hat, macht deutlich, wer an Bord das Sagen hatte: „Erst als wir schon die Erlaubnis zur Weiterfahrt bekommen hatten, erschien jener berüchtigte Kapitän Rackam auf Deck. In seinem bunten Aufzug ist er tatsächlich eine heroische Erscheinung, aber er sah aus, als wäre er gerade erst aus dem Bett gekrochen. Er hatte verquollene Augen, seine Stimme klang undeutlich. Als seine verruchte Kumpanin ihm befahl, aus dem Weg zu gehen, verdrückte er sich."

Anne Bonny war kräftig gebaut, trug ihre roten Haare offen, manchmal unter einem Schlapphut, ihre weitgeschnittenen Samthosen waren von Pierre Vane entworfen und genäht. Angeblich kämpfte sie mit nacktem Oberkörper. Über ihr Aussehen sind die Meinungen geteilt. Die Schauspielerin, Rennfahrerin und Flugzeugpilotin Jill St. John, die in einem Film eine Piratin spielte, sagte: „Niemand soll auf die Idee kommen, daß ich in ‚Der Pirat des Königs' diese Anne Bonny verkörpere. Sie war schließlich 1 Meter 85 groß, wog zweihundert Pfund und hatte ein Gesicht, das eine Sonnenuhr stoppen konnte."

Eine solche Äußerung hätte sich in Annes Beisein niemand erlauben dürfen. Wer es getan hätte, hätte wahrscheinlich ein ähnliches Schicksal erlebt wie jener einohrige Matrose, der, als Anne bei ihrer

Ankunft in New Providence von Bord ging, sich ihr in den Weg stellte und sie blöd anmachte. Anne zückte ihre Pistole und schoß dem Matrosen auch noch das andere Ohr ab.

Anne kam in Irland als nichteheliche Tochter eines Rechtsanwalts und seines Dienstmädchens zur Welt. Der Advokat war verheiratet; da seine Mutter auf der Seite seiner Frau stand und ihm den „Fehltritt" nicht verzieh, enterbte sie ihn. Von da an lebte der Vater getrennt von seiner Frau. Anne wuchs bei ihrer Mutter auf.

„Dies dauerte beinahe fünf Jahre an", berichtet Daniel Defoe, „dann aber faßte er eine große Zuneigung zu dem Mädchen, das er von seiner Magd hatte, und nahm sich vor, es zu sich nach Hause zu nehmen, um mit ihm zu leben; aber da die ganze Stadt wußte, daß es ein Mädchen war, und um vor ihnen wie auch vor seiner Frau die Wahrheit verborgen zu halten, ließ er es wie einen Jungen Hosen anziehen und gab vor, es handle sich um das Kind eines Verwandten, das er als seinen Lehrling großziehen wollte."

Irgendwann flog der Schwindel auf, Annes Vater zog mit ihrer Mutter, der Dienstmagd zusammen und lebte offen in dieser nicht standesgemäßen Verbindung. Eine „wilde Ehe" mit Kind war Ende des 17. Jahrhunderts ein Skandal. Der Advokat verlor seine Klienten und beschloß auszuwandern. Die westindischen Kolonien versprachen ihm als weißem Mann ein Leben voller Privilegien. Außerdem konnte er dort tun, als hätte er eine „richtige" Familie, und um die Unterbringung seiner Tochter brauchte er sich keine Sorgen zu machen. In den Kolonien herrschte akuter Mangel an weißen Frauen; er würde sicherlich eine gewinnbringende Partie für sie finden.

In der Tat waren bisher wenige Frauen in die Kolonien gegangen. In den Augen der Herrschenden in Europa war das ein Grund dafür, daß die weißen Männer dauerhafte Beziehungen mit schwarzen Frauen eingingen, und das paßte nicht in ihr rassistisches Konzept. Solange die weißen Männer ihre Sklavinnen vergewaltigten, wurde dies gebilligt oder schlimmstenfalls deswegen bestraft, weil der Weiße „sich zur Unehre Gottes und Schande der Christen geschändet hat, indem er seinen Körper beschmutzte und mit einer Negerin zusammenlag". Als weißer Mann aber mit einer schwarzen Frau zusammenzuleben oder Kinder mit ihr zu haben, das durfte nicht sein. In den französischen Gebieten zum Beispiel mußte ein Weißer, wenn er einer schwarzen Frau ein Kind gemacht hatte, 2000 Pfund Zucker Strafe

bezahlen. Die Frau kam in ein Hospital und durfte auf keinen Fall freigekauft werden.

Die Sorge um die Erhaltung der weißen Rasse brachte die Regierungen und Handelsgesellschaften dazu, eine Art Mädchen- und Frauenhandel in Übersee zu organisieren. Die Ostindische Kompanie Hollands z.B. zahlte jeder Familie, die nach Batavia ging, eine Belohnung, wenn sie mindestens zwei Töchter mitnahm, die mindestens acht Jahre alt waren. Zusätzliche Honorare gab es für zusätzlich mitgebrachte „ehrbare junge Mädchen" aus Waisenhäusern. Diese Mädchen unterstanden der Vormundschaft des Generalgouverneurs und durften nur Kompaniebedienstete oder Freibürger heiraten, und das nur mit der Zustimmung des Gouverneurs.

Anne brauchte nicht die Erlaubnis des Gouverneurs, sondern die ihres Vaters, als sie – mittlerweile in Carolina erwachsen geworden – heiraten wollte. Sie durchkreuzte seine Pläne, sie mit Gewinn unter die Haube zu bringen, und brannte mit dem erstbesten Taugenichts durch. Anne heiratete den Matrosen James Bonny, worauf ihr Vater sie enterbte. Aus Rache brannte sie die Plantagen ihres Vaters nieder und floh mit ihrem Gatten nach New Providence.

„Gesegnet mit frischem Wasser, Schildkröten und Wildschweinen, war New Providence ein Piratenparadies, ein Hafen für die Verfolgten der Neuen und Alten Welt", schreibt Susan Baker und beschreibt am Beispiel einiger Freundinnen, die Anne dort gefunden hatte, die Situation der Frauen in den westindischen Kolonien. Eine von ihnen war Meg, die Geliebte des Piratenkapitäns Jennings. Sie hatte ihn auf der Flucht kennengelernt, nachdem sie ihren betrunkenen Ehemann niedergestochen hatte: ein Verbrechen, das schwerer wog als jeder andere Mord. Gattenmord (master murder) hieß vorher sogar Gottesmord (God murder).

Die Frauen waren gezwungen, sich einen Mann als Schutz zuzulegen, denn eine Frau, die keinem gehörte, gehörte allen Männern. Verheiratete Frauen waren regelrecht Eigentum ihres Mannes, er konnte sie verkaufen oder töten. So war es der einäugigen Hawkins ergangen, die von ihrem Mann öffentlich versteigert worden war. Die Quittung des Verkaufs galt als Scheidungsdokument. Weil sie auch ihren zweiten Besitzer verließ, wurde Hawkins festgenommen und als Sklavin in Ketten nach Virginia geschickt. Ihr gelang die Flucht nach New Providence. Auch Beth mußte fliehen. Sie wurde als Hebamme für den Tod eines Kindes beim Kaiserschnitt verantwortlich gemacht.

Dennoch waren diese Frauen privilegiert gegenüber den meisten Frauen, die in den westindischen Kolonien lebten: den schwarzen und indianischen Sklavinnen. Über sie gibt es keine Heldinnengeschichten zu erzählen. Bis auf eine „freie" Mulattin namens Zola, die von Susan Baker erwähnt wird, kommen farbige Frauen in der Geschichte der Piratinnen nicht vor. Von ihnen wissen wir nur, daß sie wie ihre Männer als Sklavinnen arbeiten mußten und darüber hinaus von den weißen Herren als Sexualobjekte oder Gebärmaschinen für neue Sklaven angesehen wurden. Je nach Marktlage wurden sie entweder dazu gezwungen oder daran gehindert, Kinder zu bekommen. Es gab Zeiten, in denen es billiger war, „zu kaufen als zu züchten", denn, so ein Zeitgenosse über die Situation auf den kubanischen Plantagen: „Die Ausgaben sind so beträchtlich, daß der auf der Plantage geborene Neger mehr kostet, wenn er schließlich die Arbeitsfähigkeit erlangt hat, als ein anderer gleichen Alters auf dem öffentlichen Markt gekostet haben würde." Einige Jahrzehnte später, als es nicht mehr so einfach war, Schwarze in Afrika einzufangen, mußten sechzehnjährige Sklavinnen Mütter werden, und Landwirtschaftsvereine schämten sich nicht, siebzehnjährige Mädchen, die bereits mehrere Kinder hatten, wie eine Kuh oder ein Schwein als „gute Brüter" (good breeder) zu prämieren.

Zurück in den Hafen von New Providence. Es ist eine schwüle Nacht, ohne Mondschein. Am nächsten Morgen soll die Amnestie des Königs vollzogen werden, die der neue Gouverneur Woodes Rogers ausgerufen hat, um dem Unwesen der Piraterie ein Ende zu bereiten: Alle, die der Piraterie abschwören, sollen begnadigt werden, auf die anderen wartet der Galgen. Dem Gouverneur war das Gerücht zugetragen worden, daß nur eine Mannschaft nicht auf seine Bedingungen eingehen und fliehen wollte. Deshalb hatte er den Hafen abriegeln lassen und seine Flotte in Kampfposition gebracht.

Plötzlich setzt sich ein kleines Schiff in Bewegung und steuert auf Rogers Flotte zu. Der befiehlt zu schießen. Das Schiff geht in Flammen auf, und unter Getöse feuert es wie von Geisterhand gelenkt einen Hagel von Feuerbällen auf die Flotte ab. Zu spät begreift Rogers: Das Schiff war menschenleer, mit Öl präpariert gegen seine Flotte geschickt worden, sein Schuß hatte das Öl entzündet und wirkte wie eine Zündung für die Kanonen, die mit Bolzen gestopft und mit leicht entflammbarem Pulver gefüllt waren. Jeden Moment konnte das Feuer den Pulverraum erreichen und das Schiff mitsamt der Flotte in die Luft jagen. Rogers Schiffe ergriffen die Flucht.

Im Schatten der Explosion konnte ein kleines Schiff entfliehen, an Deck stand Anne Bonny. Angeblich soll sie Woodes Rogers zugewunken haben, „zierlich wie eine feine Dame, die für eine lange Seereise verabschiedet wird".

Den Plan hatte sie ausgeheckt, wieder mit viel List und Liebe zum Theatralischen. Sie hatte sich entschlossen, die Amnestie nicht anzunehmen und gemeinsam mit Calico Jack und Pierre Vane weiterhin das Meer unsicher zu machen. Für Anne galt die Amnestie sowieso nicht, denn sie hatte inzwischen ihren Ehemann verlassen und versuchten Vatermord auf dem Kerbholz: zwei Verbrechen, die viel schwerer wogen als die Meucheleien der Piraten. Für diese Verbrechen gab es keine Amnestie.

Irgendwann – Anne Bonny hatte inzwischen die Engländerin Mary Read kennengelernt, die beiden waren unzertrennliche Freundinnen geworden – tauchte James Bonny, Annes verlassener Ehemann, wieder auf, um seine Ansprüche geltend zu machen. Er entführte Anne, schleppte sie nackt und gefesselt vor den Gouverneur und bestand darauf, daß man ihr die Fesseln nicht abnahm; er befürchtete, daß „diese Höllenkatze ihn auf der Stelle umbringen würde". Bonny schlug Scheidung durch Verkauf vor. Die Besatzung ihres Schiffes war einverstanden und wollte Anne freikaufen, doch sie rief, sie wolle nicht „wie ein Schwein oder eine Kuh gekauft oder verkauft werden". Der Gouverneur ließ Anne Bonny frei unter der Bedingung, daß sie zu ihrem Herrn und Gebieter zurückkehrte, doch der war längst auf der Flucht um sein Leben. Anne und Mary setzten ihm nach. Er entwischte ihnen; aus Rache brannten sie seine Schildkrötenhandlung nieder.

Anne Bonny ging mit ihrem Gewaltpotential sehr ökonomisch um. Nur wenn es sich nicht vermeiden ließ, wurde sie gewalttätig – dann aber ohne jeden Skrupel. Wo immer es möglich war, bevorzugte die Piratin List, Tücke und ein gutes Maß an Theatralik. Deshalb wurde ihren Kaperzügen ein gewisser „Lady's Touch" nachgesagt. Einmal wandte sie einen Trick an, der ganz dem Bild von den „Waffen einer Frau" entspricht. Objekt ihrer Begierde war die *Royal Queen*, eine wunderschön ausgestattete und schnelle Schaluppe, die ihrem ehemaligen Liebhaber Chidley Bayard gehörte. Der war lange hinter ihrem Kopf hergewesen und hatte nun auch noch mit James Bonny Geschäftsbeziehungen aufgenommen, ein Grund mehr, einen hübschen Racheakt auszuhecken. Das luxuriöse Schiff, mit Mahagoni-täfelung, Gold- und Silberbesatz in den Kajüten und zwanzig Kanonen, wurde von einem gewissen Hudson befehligt, der sehr stolz auf seinen Ruf als Frauenheld war.

Anne ließ sich von ihm auf den Luxuskahn einladen, jedoch unter der Bedingung, daß sich die Mannschaft unter Deck zurückziehe, damit ihr „guter Ruf" gewahrt blieb. Allein mit Hudson in der Kapitäns-kajüte, mischte sie ihm ein Schlafmittel in den Wein, der Frauenheld schlief ein, und Anne konnte ungehindert an Deck. Am nächsten Tag verließ Lady Anne das Schiff, Hudson stach arglos in See. Als er einige Stunden später angegriffen wurde, wunderte er sich, daß seine na-gelneuen Kanonen nicht funktionierten, die Schlagbolzen waren mit Wasser durchtränkt. Die *Royal Queen* wurde von Anne Bonny und ihrer Besatzung ohne Kampf geentert, es gab nur einen Toten: Kapitän Hudson. Seine Mörderin: Mary Read.

Mary Read

Mary Read war in England aufgewachsen. Wie Anne Bonny wurde auch sie als Junge großgezogen. Ihre Mutter, die mit einem Seemann verheiratet war, hatte zunächst einen Sohn zur Welt gebracht. Kurz darauf verschwand ihr Mann aus unbekannten Gründen, vermutlich hatte er Schiffbruch erlitten. „Dessen ungeachtet", berichtet Daniel Defoe, „widerfuhr der Mutter, die jung und leichten Sinnes war, ein Unglück, welches oftmals jungen Frauen zustößt, die sich nicht sehr in acht nehmen; will sagen, sie war, ohne einen Gatten als Vater zu haben, bald wieder schwanger, doch auf welche Weise und von wem, hätte nur sie selber sagen können."

Für eine alleinstehende Frau im England des ausgehenden 17. Jahrhunderts, eine ziemlich prekäre Lage. Als Seemannswitwe hatte sie ohnehin kaum Geld, um sich und ihr Kind zu ernähren. Deshalb war sie auf die Unterstützung ihrer Angehörigen angewiesen. Das uneheliche Kind nun drohte ihren Ruf und somit die Gunst der Verwandtschaft in Gefahr zu bringen. Um die Schwangerschaft zu verheimlichen, zog die mittellose Witwe aufs Land. Wenige Monate nach der Geburt der Tochter Mary starb der Sohn. Marys Mutter kam auf die Idee, das Mädchen als den ehelichen Sohn auszugeben. Sie steckte Mary in Jungenkleider und ging zurück nach London, wo die Mutter des verstorbenen Seemanns lebte. Sie zahlte Unterhalt für den vermeintlichen Enkel. Als Mary alt genug war, weihte ihre Mutter sie in das Spiel ein, und das Mädchen fuhr fort, als Junge zu leben. Als sie dreizehn war, starb die Großmutter; Mary verlor die einzige Geldquelle für sich und ihre Mutter. Mary behielt die Jungenkleider an und ging arbeiten. Zuerst als Lakai bei einer französischen Dame, dann heuerte sie auf einem Kriegsschiff an. Mary hatte gelernt: Wenn man kein Geld hat, ist es günstiger, ein Mann zu sein.

Daniel Defoe berichtet voller Bewunderung von Marys Tapferkeit und Geschicklichkeit im Kampf und betont, eigentlich habe sie ein Offizierspatent verdient, doch das bekamen nur Leute mit Geld.

Mary verliebte sich in einen Kampfgenossen, enthüllte ihr wahres Geschlecht und heiratete ihn. Die beiden eröffneten eine Gaststätte in Breda. Die Kneipe „Zu den drei Hufeisen" wurde zum Stammlokal vieler Offiziere. Der Friede von Rijswijk im Jahre 1697 bereitete ihrer gastronomischen Karriere ein Ende. Die Offiziere blieben aus,

und da Marys Mann inzwischen gestorben war, kramte sie ihre Männerklamotten aus der Kiste und meldete sich zur Infanterie. Da auch dort in Friedenszeiten nichts los war, verließ sie das Militär und heuerte auf einem Handelsschiff an, dessen Ziel West-Indien war.

Frauen, die sich entschlossen, als Mann zu leben, waren zur Zeit Mary Reads keine Seltenheit. Rudolf Dekker und Lotte van de Pol dokumentieren in ihrem Buch *Frauen in Männerkleidern* 120 Fälle, die sie allein für den Zeitraum zwischen 1550 und 1839 in den Niederlanden gefunden haben. Wenn man bedenkt, daß das nur die Fälle waren, die aufgedeckt und deswegen vor Gericht behandelt wurden, läßt sich nur ahnen, wie viele Frauen in der Verkleidung als Mann gelebt haben, ohne entdeckt zu werden.

Gründe für einen solchen Rollenwechsel gab es genug: Frauen hatten im 18. Jahrhundert keine Möglichkeit, über ihr Leben selbst zu bestimmen. Wenn sie verheiratet wurden, wechselten sie im Grunde nur den Besitzer: vom Vater zum Ehemann, der mit ihnen machen konnte, was er wollte. Frauen konnten sich ohne männlichen „Schutz" nicht frei bewegen, und so wurde es zur Gewohnheit, daß eine Frau, die allein verreisen wollte, sich als Mann verkleidete. Manche fanden Geschmack an den in der Männerrolle erfahrenen Privilegien und behielten die Männerkleider an. Diese Frauen suchten sich einen Beruf, wurden Handwerker, Soldat oder Matrose. Einige haben auch geheiratet – eine Frau. Die Tatsache, daß die meisten der Frauen, die uns als Transvestitinnen bekannt sind, zur See oder zum Militär gegangen sind, mag damit zusammenhängen, daß in diesen Bereichen die meisten Frauen entdeckt wurden.

Dekker und Pol beschreiben, wie schwierig es auf einem Schiff war, das Geschlecht zu verbergen. An Bord gab es so gut wie keine Privatsphäre, geschlafen wurde zu mehreren auf engem Raum, und auch beim Gang auf die Toilette konnte niemand sicher sein, nicht beobachtet zu werden. Waschen und umziehen bedeutete kein so großes Risiko, denn das war im Zuge der damaligen Vorstellungen von Hygiene sowieso nicht angesagt. Entdeckt zu werden, war für die Frauen lebensgefährlich. „Keine Frau darf männliche Kleidungsstücke tragen, und kein Mann darf ein Frauengewand anziehen. Denn jeder, der solches tut, ist Jahwe, deinem Gotte ein Greuel", steht in der Bibel, Grund genug, Transvestitinnen mit der Todesstrafe zu drohen.

1643 erließ König Karl I. in England ein Gesetz, das besagte: „Keine

Frau darf durch das Tragen von Männerkleidern ihr Geschlecht fälschen. Sie verfällt dadurch der strengsten Strafe, die das Gesetz oder unser Zorn ihr auferlegen."

Mary Read riskierte also ihr Leben, als sie auf einem Schiff anheuerte. Welche Alternative hätte sie gehabt? Wie hätte sie für ihren Lebensunterhalt sorgen können? Mittellos gewordene Männer hatten immer die Möglichkeit, als Soldat oder Seemann unterzukommen. Für Frauen, die zu jung und kräftig waren für die Armenfürsorge, gab es diese Möglichkeit nicht. „Für viele Frauen aus der Unterschicht war die Prostitution die letzte Rettung in Notzeiten", schreiben Dekker und Pol. „Mädchen, die Prostituierte wurden, kamen aus derselben Schicht und Altersgruppe und hatten oft denselben Hintergrund von Armut und Entwurzelung wie die Frauen, die sich als Männer verkleideten... Die Entscheidung für die Verkleidung in Notzeiten bedeutete gleichzeitig eine Absage an die Prostitution als Alternative."[6]

Ein Leben als Mann bedeutete jedoch nicht gerade ein Leben voll Freiheit und Selbstbestimmung, jedenfalls nicht in der armen Bevölkerung, zu der Mary Read gehörte. Das Leben als Matrose auf einem Handelsschiff war hart. Es hieß Schwerstarbeit für schlechte Bezahlung und bei schlechtester Verpflegung innerhalb eines Systems, in dem Prügelstrafe und Folter zur ungerechten Tagesordnung gehörten. Während die Passagiere, Bordprediger und Kapitäne sich den langen Seeweg mit Freß- und Sauforgien versüßten, war die Ernährung der SchiffsarbeiterInnen so dürftig, daß viele an Skorbut oder anderen Mangelerkrankungen starben.

Der französische Jesuitenpater Jean-Baptiste Labat beschreibt in seinem Reisebericht über Seiten die Schlemmereien während seiner Überfahrt nach Martinique. Täglich gab es irisches Rindersteak, frisches Hammel- und Kalbfleisch oder Frikassé von jungen Hühnern – und frischen Salat. „Vielleicht wird man sich wundern, daß jeden Tag Salat serviert wurde, aber wir hatten einen guten Vorrat von roten Rüben, Portulac, Kresse, eingemachten Gurken, zwei großen Kästen voll Endivienpflanzen, bei denen Tag und Nacht eine Schildwache stand, aus Furcht, die Ratten oder Matrosen möchten ihnen Schaden zufügen", erzählt der Missionar.[7]

In diesem Bericht schildert er auch, wie die Leute aus der Besatzung bestraft wurden. Ein Matrose, der seine Wache verspätet antrat, wurde auf eine Kanone gefesselt und mit kurzen Tauen fünfzigmal geschlagen, ein Soldat mußte Spießruten laufen, weil er geflucht hatte.

„Ich glaube nicht, daß er auf der weiteren Reise Lust hatte, noch einmal zu fluchen, da alle, die ihn bestrafen mußten, ihre Schuldigkeit aufs beste getan hatten", kommentiert der Pater.

Die Zahl der Besatzungsmitglieder, die eine Überfahrt nicht überlebten, war sehr groß. Auf den Sklavenschiffen starben nicht nur ungezählte Schwarze unter den unmenschlichen Bedingungen der Haft, sondern auch viele SchiffsarbeiterInnen an ihren Arbeitsbedingungen.

Mary Read konnte zufrieden sein, daß das Schiff, auf dem sie schuftete, von PiratInnen überfallen wurde und sie von ihnen als einziges Besatzungsmitglied mitgenommen wurde. Immerhin herrschte auf den Piratenschiffen mehr Gerechtigkeit als auf den Marine- und Handelsschiffen. So kam Mary Read nach New Providence, wo sie sich der Clique um die grünäugige Anne Bonny anschloß.

Nachdem Anne Bonny vom Gouverneur begnadigt worden war, hatten sie und ihre Besatzung die Amnestie des Königs angenommen. Sie lebten einige Zeit auf Kuba, wo Anne und Calico Jack ein gemeinsames Kind untergebracht hatten. Doch nach einiger Zeit zog es sie wieder hinaus. Als sie hörten, daß Woodes Rogers Kaperfahrer gegen die Spanier ausrüstete, gingen sie nach New Providence und meldeten sich beim Gouverneur. Kaperfahrten waren – im Gegensatz zur Piraterie – erlaubt, denn Kapern geschah im Interesse der Obrigkeit.

Kaum war Rogers' Flotte auf hoher See, begann die Besatzung, die größtenteils aus ehemaligen PiratInnen bestand, zu meutern. Die vom Staat eingesetzten Kommandanten wurden abgesetzt, die britische Fahne wurde eingezogen, und ausgepackt wurde der Jolly Roger, die schwarze Fahne mit dem Totenkopf. Mary Read hatte diese Meuterei angezettelt.

Die Piratin war weniger draufgängerisch und impulsiv als ihre um einige Jahre jüngere Freundin Anne Bonny. Viele Autoren preisen ihre Tugendhaftigkeit und ihren Gerechtigkeitssinn. „Sie war stolz und kühn veranlagt, aber empfänglich für die zartesten Gefühle und mildesten Regungen. Ihr Verhalten war bestimmt von Prinzipien der Tugend, gleichzeitig war sie gewalttätig in ihren Angriffen", heißt es in *The Pirate's own Book*.

Wie Anne Bonny trug Mary Read an Bord der Piratenschiffe Frauenkleider. Lediglich im Kampf bevorzugten sie Hosen. Seit sie gemeinsam im Bett erwischt worden waren – diese Story ist ein eigenes Kapitel wert –, war ihr Geschlecht allen bekannt.

Wie war es möglich, daß zwei Frauen auf einem Schiff nicht nur toleriert, sondern sogar als Anführerinnen akzeptiert wurden, zu einer Zeit, die Frauen haßte und verachtete? Vermutlich weil sie besonders gut waren. So wie heute Frauen in Männerberufen, sei es Handwerk oder Management, immer etwas besser sein müssen als ihre männlichen Kollegen, haben wahrscheinlich die Piratinnen ihren Job überdurchschnittlich qualifiziert ausgeübt.

Anne Bonny hatte offensichtlich Begabung fürs Management. „Sie hatte das Zeug zur Anführerin und hätte uns dazu anstacheln können, der ganzen Welt den Kampf anzusagen", sagte der Pirat John Harper in einem Prozeß über sie. Mary Read verfügte über hervorragende Navigationskenntnisse – ganz abgesehen davon, daß sie im Duell unschlagbar war. Darüber hinaus wußten die beiden Piratinnen sich unter ihren männlichen Kollegen Respekt zu verschaffen, und das ging nur mit Gewalt. Anne Bonny pflegte ihr Image, indem sie zum Beispiel einen, der sie belästigt hatte, mit einem Stuhl krankenhausreif schlug oder ihren Fechtmeister im Kampf mit der Spitze ihres Degens Knopf für Knopf auszog.

Auch über Mary Read existieren Geschichten, wie sie ihre Gegner zum Duell forderte und tötete. Eine Quelle weicht besonders von

Daniel Defoe's Bericht ab. Anna Franchi berichtet in ihrem Buch *Storia della Pirateria del mondo* von einem Streit zwischen Mary Read und einem Steuermann, der wie alle anderen bereits wußte, daß sie eine Frau war, obwohl sie noch Männerkleider trug. Der Steuermann wollte ihr nicht gehorchen und gab ihr eine Ohrfeige. Darauf forderte sie ihn zum Duell. Entsprechend dem Rechtskodex auf den Piratenschiffen bat sie um die Erlaubnis, sich bei der nächsten Landung mit ihm zu duellieren. An Land wollte der Steuermann einen Rückzieher machen, doch Mary bestand auf Wiedergutmachung. Seine Kugel ging nicht los. „Mary, nunmehr ihres Lebens sicher, näherte sich ihm, öffnete das Hemd, zeigte ihm ihre weißen Brüste und sagte: Du Elender, du wußtest, daß ich eine Frau bin, und hast es gewagt, mich zu schlagen. Diese Frau tötet dich jetzt, um ein Exempel für alle zu geben, die es wagen sollten, sie zu beleidigen. Und sie sprengte ihm das Gehirn", schreibt Anna Franchi.[8]

Daniel Defoe erzählt die Geschichte anders. In seiner Version hat Mary den Streit absichtlich vom Zaun gebrochen, um einem jungen Segelmacher das Leben zu retten, der ihr Geliebter war. Dem nämlich drohte ein Duell mit dem besagten Gegner. Mary provozierte ihn, um ihn dann im Duell unschädlich zu machen. „Zwar hatte sie auch schon früher gekämpft, wenn sie von einem dieser Gesellen beleidigt worden war, aber jetzt, da es um die Sache ihres Liebsten ging, stand sie gewissermaßen zwischen ihm und dem Tode, als könne sie ohne ihn nicht leben." Hier scheint die Einbildungskraft mit Defoe durchgegangen zu sein, beflügelt von dem Wunsch, daß selbst eine knallharte Frau wie Mary Read ohne einen geliebten Mann nicht leben will und sich für ihn aufopfert.

Knallhart war Mary Reads Selbstverständnis als Piratin. Als sie einmal von einem Gefangenen gefragt wurde, was sie von der Todesstrafe für Piraten halte, antwortete sie: „Wenn man den Piraten die Wahl ließe, so würden auch sie keine geringere als die Todesstrafe festsetzen, denn es ist ja gerade die Furcht vor ihr, welche einige memmenhafte Schurken zur Ehrlichkeit anhält; viele von denen, die jetzt die Witwen und Waisen betrügen und ihre armen Nachbarn bedrängen, die kein Geld haben, sich Gerechtigkeit zu schaffen, würden ansonsten zur See auf Raub ausgehen, und der Ozean wäre wie das Land mit Schurken bevölkert, so daß kein Kaufmann sich mehr hinauswagen würde; und so wäre der Handel binnen kurzem der Verfolgung nicht mehr wert."

Drei Jahre kaperten Mary Read und Anne Bonny gemeinsam, bis sie von der Royal Navy gefangen wurden. Die letzte Schlacht war hoffnungslos, da bis auf die beiden Frauen die gesamte Besatzung stockbesoffen war. Nur die beiden und ein Mann blieben an Deck und kämpften erbittert. Mary Read brüllte ihre besoffenen Kumpel an, sie sollten raufkommen. Als keiner erschien, ballerte sie voll Wut durch die Luke auf die Piraten und tötete einen dabei.

In Sant Jago de la Vega wurde ihnen der Prozeß gemacht. Anne Bonny und Mary Read wurden begnadigt, weil sie behaupteten, schwanger zu sein. Vermutlich war dies eine Lüge, die sie immerhin vor dem Galgen rettete. Den Arzt, der ihnen die Schwangerschaft bescheinigte, hatten die beiden Frauen kaum ein Jahr zuvor von der Folterbank eines Sklavenschiffs gerettet.

Calico Jack wurde gehängt. Als Anne ihn kurz vor seiner Hinrichtung noch einmal sehen durfte, tröstete sie ihn mit den Worten, es täte ihr leid, ihn hier zu sehen. Wenn er wie ein Mann gefochten hätte, müßte man ihn jetzt nicht wie einen Hund aufhängen.

Was aus den beiden Frauen geworden ist, weiß niemand genau. Mary Read ist vermutlich im Gefängnis gestorben. Anne Bonny kam frei und wurde noch lange wegen Brandstiftung, versuchtem Mord, Verschwörung gegen die Krone und Befreiung von Sklaven auf Schiffen steckbrieflich gesucht.

Mit der Unterstützung ihres Vaters konnte sie nicht rechnen, wie in einem Buch aus dem Jahr 1755 zu lesen ist. „Ihr Vater war mit wichtigen Gentlemen befreundet, Pflanzern aus Jamaika, mit denen er gehandelt hatte und bei denen er in gutem Ruf stand; und einige von denen, die in Karolina waren, behaupteten, sie dort bei ihm zu Hause gesehen zu haben; das hätte sie dazu veranlassen können, ein gutes Wort für sie einzulegen, aber die Tatsache, daß sie ihren Ehemann verlassen hatte, war ein häßlicher Umstand, der gegen sie sprach."

DIE LIEBE DER PIRATINNEN

Zwei Frauen im 18. Jahrhundert überschreiten die gesellschaftlich vor-
geschriebenen Grenzen ihres Frauendaseins und ziehen hinaus in die
Welt der Abenteuer. Als Piratinnen kämpfen, kapern und kommandieren sie gemeinsam, von keinem Mann lassen sie sich etwas sagen.
Anne Bonny und Mary Read lebten in einer Welt, in der Homosexualität unter Männern kein Geheimnis war. Ob sie lesbisch waren?
Hatten sie vielleicht sogar eine lesbische Beziehung? Diese Frage liegt
heute nahe. Die Zeitgenossen der beiden Piratinnen waren offensichtlich weit davon entfernt, sich so etwas auch nur vorzustellen.

Daß Anne in Mary verliebt war, ist sozusagen historisch belegt.
Daniel Defoe berichtet davon. Doch er geht davon aus, daß Anne –
wie Mary zunächst noch in Männerkleidern – auf Marys Verkleidung
hereinfiel und es auf den vermeintlichen Marc Read abgesehen hatte, der neu zur Besatzung hinzugekommen war. Wie sich die beiden
Frauen näherkamen, schildert er so:

„Anne Bonny hielt sie für einen hübschen jungen Burschen und
offenbarte aus Gründen, die sie selbst am besten kennt, ihr Geschlecht
zuerst. Mary Read, die wußte, was da auf sie zukam, und sich ihres
Unvermögens in dieser Hinsicht durchaus bewußt war, war gezwungen, sich gütlich mit ihr zu einigen, und so ließ sie Anne Bonny zu
deren großer Enttäuschung wissen, sie sei gleichfalls eine Frau; doch
ihre Vertraulichkeit mißfiel Kapitän Rackam, der Anne Bonnys Liebhaber und Galan war, so sehr, daß er rasend eifersüchtig wurde und
Anne Bonny sagte, er werde ihrem neuen Liebhaber die Kehle durch-
schneiden, und um ihn zu beruhigen, weihte sie ihn in das Geheimnis ein."

Für Defoe war es offenbar unvorstellbar, daß es so etwas wie Be-
gehren unter Frauen gibt. Nach seiner Logik mußte Anne enttäuscht
und Rackam beruhigt sein über das wahre Geschlecht des attrakti-
ven Matrosen. Zwar wußte Defoe, wie viele Schwule es unter den
Piraten gab; doch Liebe unter Frauen überstieg den Horizont des
phallozentrischen Vorstellungsvermögens eines Mannes im 18. Jahrhundert.

Daß sich das bis heute kaum geändert hat, zeigt sich in der
Arglosigkeit, mit der auch die Piratengeschichtenerzähler unseres
Jahrhunderts die Annäherung zwischen Anne und Mary beschreiben.

Einige haben die Episode zu einer pikanten Bettgeschichte ausgebaut, ganz im Sinn männlicher voyeuristischer Lesebedürfnisse. So erzählt ein Autor, den Susan Baker zitiert, ohne ihn zu nennen, wie der vor Eifersucht wildgewordene Rackam in die Kajüte stürzt, um Anne in flagranti zu erwischen: „Er rang doch einen Augenblick um Fassung, als sich – allen echten Liebhabern zum Spott, mit denen er sie hätte finden können – die Gestalt, die sich auf dem Bett räkelte, als Frau in Männerkleidung entpuppte."

Susan Baker ist überzeugt, daß Anne und Mary lesbisch waren und sich liebten. Ihr Aufsatz über die beiden ist geprägt vom Enthusiasmus der Frauenbewegung in den siebziger Jahren, das jahrhundertelange Schweigen über lesbische Identität zu brechen und in der Geschichte Vorbilder frauenliebender Frauen zu suchen. Wie konnte aber lesbische Liebe zur Zeit Anne Bonnys und Mary Reads gelebt werden? Darüber gibt es so gut wie keine Quellen, denn über Sexualität wurde damals wenig geschrieben, über Homosexualität sowieso nicht und über weibliche Homosexualität erst recht nicht.

Dekker und Pol berichten, daß Homosexualität im 17. und 18. Jahrhundert ein absolutes Tabu war. Sodomie – so wurde damals die Liebe unter Männern genannt – und Tribadie – die Liebe unter Frauen – wurden mit dem Tode bestraft. Homosexualität galt noch nicht, wie seit dem 19. Jahrhundert, als krankhafte Veranlagung, sondern als Individualverbrechen, zu dem theoretisch jeder Mensch in der Lage war, vorausgesetzt, er war verrucht genug.

Die homosexuellen „Vergehen", die aus der Zeit Annes und Marys überliefert sind, sind in der Mehrzahl von Männern begangen worden, ein Hinweis darauf, daß lesbische Liebe besonders tabuisiert war. Die wenigen Fälle lesbischer Liebe, die vor Gericht gekommen und deshalb bekannt geworden sind, sind Beziehungen, in denen eine der beiden Frauen als Mann verkleidet lebte. Dekker und Pol schließen daraus, daß Sexualität nur als Beziehung zwischen Mann und Frau denkbar war, selbst in den Köpfen der Frauen.

„In einigen Fällen muß die Verkleidung als Hilfsmittel gewertet werden, das einer Frau den psychischen Spielraum verschaffte, einer anderen den Hof zu machen. Im 17. und 18. Jahrhundert führten lesbische Gefühle zu Problemen mit der Genus-Identität. Eine Frau, die sich in eine Frau verliebte, konnte sich nicht mehr einfach als Frau fühlen, denn, so argumentierte man, wer solche Gefühle hatte, mußte eigentlich ein Mann sein."[9]

Warum sollten Frauen so gedacht oder gefühlt haben? Vielleicht war es gerade umgekehrt, vielleicht haben sie gedacht: „Wenn ich eine Frau liebe und in dieser Gesellschaft bestehen will, muß sich eine von uns als Mann ausgeben."

Andere Frauenliebesbeziehungen als die, in denen eine Frau den Mann spielte, wurden gar nicht als solche wahrgenommen. Wenn eine Frau in Frauenkleidern eine Frau in Frauenkleidern liebte, konnte das im 18. Jahrhundert für die Männer keine Bedrohung sein. Im Gegenteil. Lilian Fadermann beschreibt in ihrem Buch *Köstlicher als die Liebe der Männer* die romantisch-leidenschaftlichen Beziehungen zwischen Frauen der Oberschicht in den vergangenen Jahrhunderten und kommt zu dem Ergebnis, daß die Männer gegen solche Beziehungen nichts einzuwenden hatten. Väter waren beruhigt, daß die „Ehre" ihrer Tochter – sprich die hochgehandelte „Jungfräulichkeit" – nicht in Gefahr war; Ehemänner brauchten nicht zu fürchten, daß ein anderer Mann ihnen „Hörner aufsetzte", sprich, daß ihre Frau ihnen ein fremdgezeugtes Kind als Erben unterschob. Als Konkurrenz sahen sie die Freundinnen nicht. Sie konnten der Ehe nicht gefährlich werden, denn die Frauen waren von ihren Männern wirtschaftlich abhängig.

Wenn aber Frauen sich wie Männer kleideten, wenn sie sich erfrechten, die Privilegien der Männer in Anspruch zu nehmen, also, soweit es die Klassengrenzen erlaubten, selbstbestimmt zu leben, einen Beruf frei zu wählen, wurde lesbische Liebe bestraft. Transvestitinnen wurden verfolgt, auch wenn ihnen keine Liebesbeziehung mit einer Frau nachgewiesen werden konnte.

Dekker und Pol weisen darauf hin, daß die Transvestitinnen weniger hart bestraft wurden, die sich aus Liebe zu einem Mann verkleideten, z.B. um ihn auf einem Schiff begleiten zu können. Die härtesten Strafen trafen die Frauen in Männerkleidern, die eine Liebesbeziehung mit einer Frau hatten oder sogar eine Frau geheiratet hatten, was nicht selten vorkam. Die meisten, die entdeckt wurden, wurden verbrannt oder gehängt.

Letztendlich werden wir nie genau wissen, wie die Beziehung zwischen Anne Bonny und Mary Read wirklich ausgesehen hat. Ob sie ein Liebesverhältnis hatten, oder ob sie nicht vielleicht andere Frauen liebten, die als Männer getarnt an Bord waren. Was spricht dagegen, daß jener „Bursche von äußerst einnehmendem Betragen", den Mary Read Daniel Defoe's Bericht zufolge kennen und lieben lernte, eine verkleidete Frau war?

In der Regel bedeutete die Entlarvung einer verkleideten Frau an Bord das Ende ihrer Karriere als Matrose oder Pirat. Bei Anne Bonny und Mary Read war das nicht der Fall. Sie blieben respektierte Anführerinnen auf dem Piratenschiff, ohne daß sie ihre weibliche Identität leugneten. Hans Leip wundert sich über diese Tatsache und findet nur zwei Möglichkeiten der Erklärung: „Beide waren also entweder Allgemeingut. Oder Rackams Crew hat, nach anderer Vermutung, aus lauter Invertierten bestanden."

Wer weiß? Vielleicht handelte es sich bei diesen „Invertierten" um lauter vekleidete Frauen.

ANMERKUNGEN

1   Vgl. Alexandre Exquemelin, *Das Piratenbuch von 1678*, Stuttgart 1983, S. 99.
2   Vgl. Jean-Baptiste Labat, *Sklavenbericht. Abenteuerliche Jahre in der Karibik 1690–1705*, Stuttgart 1984.
3   Stanley Richards, *Black Barth*, Carmarthenshire 1966, S. 41, übersetzt von Ulrike Klausmann.
4   Vgl. Literaturliste.
5   Vgl. Literaturliste.
6   Rudolf Dekker/Lotte van de Pol, *Frauen in Männerkleidern*, Berlin 1990, S. 95.
7   *The Pirates own Book*, London 1834, S. 389 f., übersetzt von Ulrike Klausmann.
8   Anna Franchi, *Storia della Pirateria del Mondo*, Mailand 1952.
9   Dekker/Pol, a.a.O., S. 75.

PERSONENREGISTER

Aasa, 98
Äneas, 61
Ahmed al Watassi, 87
Alf, 98ff.
Alvida, 98ff.
Amazonen, 25, 59f.
Andromeda, 24
Anna, 62
Argentre, Bertrand d', 103f.
Aristoteles, 14, 23
Arrois, Robert d', 104
Artemisia, 71ff.
Athene, 21f., 77
Baal, 25
Baker, Susan, 165, 168f., 181
Barclay, Margaret, 19
Barrigenae, 16
Beginen, 116
Bingham, Richard, 136f.
Black Barty, 156ff.
Blois, Charles de, 102
Bonny, Anne, 163ff., 176ff., 180ff.
Bonny, James,170.
Bukanier, 146ff.
Burke, Richard, 134f.
Calico Jack, 165, 176, 179
Charis, Juan de, 129ff.
Charybdis, 15
Cheireddin (Chair ad-Din), 86
Chimäre, 16
Clisson, Jeanne de, 103, 107ff.
Clisson, Oliver de, 107
Croix, Robert de la, 52
Damasithymos, 76f.
Defoe, Daniel, 156ff., 164, 166,
172, 178, 180

Delahaye, Jacquotte, 146ff.
Dieu-le-veut, Anne, 150ff.
Echidna, 16
Elisabeth I., 127, 134, 138, 144
Elissa, 61ff.
Ephialtes, 74
Exquemelin, A., 147f., 151f.
Filibuster, 146ff.
Foelkeldis Kampena, 119ff.
Frèsnes, Mme. de, 88ff.
Gendron, 88f.
Gorgo, 20, 23
Gorgonen, 20
Gosse, Philip, 128, 164
Graffe, Laurent de, 150ff.
Guillain, France, 54f.
Harpyen, 12, 20
Hatschepsut, 59
Hawkins, John, 144
Heinrich VIII., 132
Hera, 17, 76
Herodot, 13; 60, 75f., 78
Hiarbas, 61, 69
Hirwitto, 101
Honcho Lo, 50
Horwendill, 101
Huang Pemei, 49
Hydra, 16
Isis, 14
Isolde, 14
Jaeger, Gèrard, 98
Jahwe, 25
Jeanne d'Arc, 19, 103
John, Jill St., 165
Ki Ming, 49
Killigrew, Elizabeth, 127ff.

Barke: im 14. Jahrhundert Bezeichnung für ein Schiff ohne Brücke, d.h. ein offenes Boot ohne Aufbauten, das mit Ruder oder Segel ausgestattet sein kann.

Brigantine: Zweimastsegelschiff mit Rahsegel.

Bug: vorderer Teil eines Schiffes.

Bugspriet: lange Stange, die am Bug vorausragt, an der auch Segel befestigt werden.

Convivencia: spanische Bezeichnung für Zusammenleben.

Doppelte Piroge: zwei zusammengebundene Pirogen.

Drake: auch Drakkare genannt, die großen, klassischen Wikingerschiffe; mit Drachenköpfen und mindestens dreißig Ruderbänken versehen, hoben sie sich von den kleineren Kriegsschiffen (Schniggen und Skeidhs) durch größere Breite, höhere Bordwände und eine aufwendigere Besegelung ab.

Dschunke: Sammelbezeichnung für chinesische Schiffe, deren typische Kennzeichen ein hohes Heck und Segel sind, die mit Bambusstäben verstärkt und unterteilt sind. Diese Schiffe können bis zu fünf Masten haben.

Entermesser: zweischneidiger, oftmals gebogener Dolch.

Flaggschiff: Schiff der/des Anführenden, das die Flagge führt.

Fock: Focksegel.

Fockschot: die Leine, die das Vorsegel führt.

Focksegel: Vorsegel vor dem Mast.

Fregatte: (ital.) früherer Kriegsschiffstyp mit drei Masten und Rahsegel.

Galeere: Ruderkriegsschiff im Altertum.

Gouverneur: Befehlshaber einer Kolonie, Stellvertreter des Königs/der Königin.

Heck: hinterer Teil eines Schiffes.

Kogge: bauchiges Schiff, eine Weiterentwicklung der wikingischen Drake, mit sehr hohem Bug und Heck. Koggen waren die ersten Schiffsmodelle mit durchgehendem befestigtem Deck und flachem Boden. Sie hatten einen Mast mit reinem Rahsegel.

Kommandobrücke: Schiffsaufbau, der als Kommando- und Navigationszentrale dient.

Mandarin: chinesischer Beamter.

Piroge: sehr langes, schmales Boot, das gesegelt oder gerudert werden kann. Pirogen sind meist Einbaumschiffe.

Prise: Beute eines Kaperzugs. Das kann sowohl die Ladung als auch das ganze Schiff sein.

Quatermeister: Matrose, der ein Schiff steuert.

Schaluppe: schnelles Einmastsegelschiff, das viele Segel am Mast führt und als Kampfschiff konstruiert ist.

Schebecke: schlanker Dreimaster des 18. Jahrhunderts.

Schnigge: schmales, sehr flinkes Schiff mit etwa zwanzig Doppelrudern, das eine Besatzung bis zu 100 Leuten aufnehmen konnte.

Segelfläche verkleinern: Großsegel reffen, d.h. das Segel kleiner machen, entweder einbinden oder einrollen.

Skeidhs: „Linienschiffe" der nordischen Kriegsflotte – in der Regel 25-Bänker, die fast ebenso schmächtig und schnell wie die Schniggen waren, sich von diesen aber durch höhere Steven und eine bessere Ausstattung unterschieden.

Smutje: Küchenjunge an Bord eines Schiffes.

Steven: starkes Krummholz, das das Schiff vorne und hinten begrenzt.

Tamouré: polynesischer Tanz

Triere: schlankes Boot, das in der Antike gebaut wurde. Trieren waren bis zu 50m lang und hatten meist drei übereinander gestaffelte Decks für die Ruderer, daher die Bezeichnung „Triere".

Troßschiff: prachtvoll ausgestattetes Flaggschiff.

Ukulele: gitarrenähnliches Instrument, das nur vier Saiten hat und wesentlich kleiner ist als eine normale Gitarre.

LITERATUR

AESCHYLUS, *Die Perser*, Stuttgart o.J.

ALIOTH, Gabrielle, „An allen Küsten berüchtigt", in: *Emma* 8/86.

D'ARGENTRE, Bertrand, *Histoire de la Bretagne*, Paris 1588.

BAKER, Susan, „Anne Bonny und Mary Read", in *Erinnerungen an Frauen*, Berlin 1977.

BARDELLE, Frank, *Freibeuter in der karibischen See. Zur Entstehung und gesellschaftlichen Transformation einer historischen „Randbewegung"*, Münster 1986.

BOTTIGHEIMER, Karl S., *Geschichte Irlands*, Stuttgart 1985.

CARTER HUGHSON, Shirley, *The Carolina Pirates und Colonial Commerce 1670–1740*, New York und London 1973.

CHAMBERS, Anne, T*he Life and Times of Grace O'Malley 1530–1603*, Dublin 1983.

D'EAUBONNE, Francoise, *Les grandes Aventurières*, Paris 1988.

DEFOE, Daniel (Captain Charles Johnson), *Umfassende Geschichte der Räubereien und Mordtaten der berüchtigten Piraten*, Frankfurt 1982.

DEKKER, Rudolf/van de Pol, Lotte, *Frauen in Männerkleidern*, Berlin 1990.

DELUMEAU, Jean, *Angst im Abendland*, Reinbek 1985.

Der Aufbau der Kolonialreiche, München 1987.

DERVENN, Claude, *Hommes et citès de Bretagne*, Paris 1965.

DIESNER, Hans Joachim, *Kriege des Altertums*, Berlin 1985.

EBERHARD, Wolfram, *Chinas Geschichte*, Bern 1948.

EXQUEMELIN, Alexandre, *Das Piratenbuch von 1678. Die amerikanischen Seeräuber*, Stuttgart 1983.

FADERMANN, Lilian, *Köstlicher als die Liebe der Männer*, Zürich 1990.

FIELDING, Xan, *Das Buch der Winde*, 1988.

FOX, Grace, *British Admirals and Chinese Pirates 1832–1869*, London 1940.

FRAIN, Irène, *Quand les Bretons peuplaient les mers*, Paris 1988.

FRANCHI, Anna, *Storia della Pirateria del mondo. 2 Bde.*, Mailand 1952.

FRANKE, Herbert/Trauzettel, Rolf, *Das Chinesische Kaiserreich*, Frankfurt/M 1968.

GERSTLACHER, Anna/Miosga, Margit, *China der Frauen*, München 1990.

GOSSE, Philip, *The Pirate's Who's Who*, London, 1924.

ders., *The History of Piracy*, London 1954.

GRANT, John, *Der Mythos der Wikinger*, Hamburg 1991.

Guide de la France mystèrieuse, Paris 1964.

GUILLAIN, France, *Les femmes d'à bord*, Paris 1986.

HEIMS, P. G., *Seespuk*, München 1965.

HERM, Gerhard, *Die Phönizier*, Reinbek 1987.

HERODOT, *Buch 4,6,7*, übersetzt von Walter Marg, München o.J.

HÖCKMANN, Olaf, *Antike Seefahrt*, München 1985.

JAEGER, Gérard, *Les femmes d'abordage*, Paris 1965.

Karibik und Bahamas, Merian 10/XXV, Hamburg o.J.

KELLER, Catherine, *Der Ichwahn*, Stuttgart 1989.

KRUM, Werner, *Florida*, München 1987.

LABAT, Jean-Baptiste, *Sklavenbericht. Abenteuerliche Jahre in der Karibik 1690–1705*, Stuttgart 1984.

LEIP, Hans, *Bordbuch des Satans*, 2 Bde., Berlin 1986.

LINCK, Gudula, *Frau und Familie in China*, München 1988.

MELLAH, Fawzi, *Die Irrfahrt der Königin Elissa, Gründerin Karthagos*, Frankfurt/M. 1989.

MERNISSI, Fatima, *Die Sultanin*, Darmstadt 1991.

MIES, Maria, *Patriarchat und Kapital*, Zürich 1988.

MONDFELD, Wolfram zu, *Piratenbuch*, Gütersloh 1976.

ders., *Entscheidung bei Salamis*, Würzburg 1976.

ders., *Das Piratenkochbuch*, Herford 1988.

NEUMANN, Erich, *Ursprungsgeschichte des Bewußtseins*, Frankfurt/M. 1986.

PAULY-WISSOWA, *Realenzyklopädie der klassischen Altertumswissenschaften*, Stuttgart 1893.

The Pirates own Book, London 1834.

POLYBIUS, *Historien*, Scientia 1974.

PÖRTNER, Rudolf, *Die Wikingersaga*, Düsseldorf 1971.

RANKE-GRAVES, Robert, *Griechische Mythologie*, Reinbek 1986.

RICHARDS, Stanley, *Black Barth, Llandybie*, Carmarthenshire 1966.

Richtig reisen. Bahamas, Köln 1983.

RICOEUR, Paul, *Symbolik des Bösen*, Freiburg 1988.

SAMUEL, Pierre, *Amazonen, Kriegerinnen, Kraftfrauen*, Duisburg 1985.

SCHMIDT, Vera, *Aufgabe und Einfluß der europäischen Berater in China. Gustav Detering (1842–1913) im Dienste Li Hung-changs*, Wiesbaden 1984.

SITWELL, Edith, *Piraterie und Pietät*, Frankfurt/M. 1991.

SOKO, Hans, *Unter der Flagge mit dem Totenkopf*, Herford 1972.

STEIN, Paul, *Zur Geschichte der Piraterie im Altertum*, Bernburg 1894.

STONE, Merlin, *Als Gott eine Frau war*, München 1986.

TERHART, Franjo, *Ich – Grace O'Malley*, Recklinghausen 1991.

TOURVILLE, Anne de, *Femmes de la mer*, Paris 1958.

WALKER, Barbara, *Geheimnisse des Tarot*, Südergellersen 1985.

WARNER, Marina, *Die Kaiserin auf dem Drachenthron*, Würzburg 1974.

WIMMER, Wolfgang, *Die Sklaven*, Reinbek 1979.

Wirtschaft und Handel der Kolonialreiche, München 1988.

ZIEBARTH, Erich, „Beiträge zur Geschichte des Seeraubs und See-handels im alten Griechenland", Hamburgische Universität, *Abhandlungen zur Auslandskunde* Bd. 30, Hamburg 1929.

Seite 9: Die *Stadt Köln,* Weiberfastnacht 1990. Foto: NININ.

Seite 3: Begegnung mit einer Nixe. Holzschnitt aus einer deutschen Fassung der *Navigatio Sancti Brendani,* 1499. Quelle: Gerald Sammet, *Der vermessene Planet,* Hamburg 1990.

Seite 18: Windverkäuferin. Quelle: A. Hall/J. Kingston, *Hexerei und Schwarze Kunst,* Mannheim 1979.

Seite 21: Riesenpolyp. Votivgemälde aus der Kapelle St. Thomas in Saint Malo. Quelle: P. Werner Lange, *Seeungeheuer. Fabeln und Fakten,* Leipzig 1979.

Seite 33: Tschiao Kuo Fu Jen. Malerei auf Seide, Ende 6. Jhdt. Quelle: Philip Gosse, *History of Piracy,* London 1954.

Seite 37: Die Dame Tsching in Aktion. Quelle: Philipp Gosse, a.a.O.

Seite 53: Lai Scho San. Quelle: Ulrike Ottinger, *Madame X – eine absolute Herrscherin,* Frankfurt 1979.

Seite 91: La Marquise de Frèsne. Quelle: G. C. de Sandraz, *Mémoires de Madame la marquise de Frèsne,* Amsterdam 1714.

Seite 99: Drachenschiff. Quelle: Wolfram zu Mondfeld, *Wikingfahrt,* Köln 1985.

Seite 105: Jeanne de Montfort. Quelle: Armel de Wismes, *Nantes et le pays nantais,* Paris 1983.

Seite 110: Wappen der Familie Clisson. Quelle: Archiv.

Seite 120: Quade Foelke. Quelle: Günter Müller, *Burgen und Schlösser im Raum Oldenburg/Ostfriesland,* Oldenburg 1977.

Seite 131: Grabstein der Lady Killigrew. Quelle: Archiv.

Seite 137: Grace O'Malley bei Elizabeth I. Quelle: Anne Chambers, *Granuaille,* Dublin 1986.

Seite 155: Bartholomew Roberts. Quelle: Wolfram zu Mondefeld, *Das Piratenbuch,* Gütersloh 1976.

Seite 160: Flaggen Bartholomew Roberts'. Quelle: Stanley Richards, *Blyck Bart,* London 1966.

Seite 167: Anne Bonny. Quelle: Philip Gosse, a.a.O.

Seite 173: Mary Read. Quelle: ebd.

Seite 177: Briefmarke mit Anne Bonny und Mary Read. Quelle: *Geschichte mit Pfiff,* 5/85.

Seite 193: Aufkleber der Kölner Rheinpiratinnen.

Gerda Meijerink / Robertine Romeny (Hg.)

HOLLAND
DER FRAUEN

REISE & KULTUR

Frauenoffensive

300 S. • 32,00 DM • ISBN 3-88104-221-0

Frauenoffensive

Knollerstr. 3, 8000 München 40, Tel. (089) 33 91 28

Grönland 982
Nordkap
Island 863
Färöer
Halluland 1000
Labrador
Markland 1000
Vinland 1000
Irland
England
London
Dieppe
Frankreich
Portugal
Azoren 1351 u. 1431
Lissabon
Palos
Cadiz
Madeira 1346, 1419
Kanarien 1341 (sp.)
Bermudas 1515
Salvador 1492 (Guanahani)
Columbus 1. Reise 1492
Espagnola 1492
Dom.
Trinidad
Venezuela
Orinoco
Halland 870
Norwegen
Schweden
Nowgorod
Moskau
Moskowien
Dänemark
Danzig
Deutsches Reich
Polen
Kiew
Venedig
Italien
Genua
Rom
Madrid
Spanien
Osmanisches R.
Schwarzes M.
Konst.
Mittelländ. M.
Ceuta
Algier Tunis
Trip.
Alex.
Kairo
Suez
Medina
Ägypten
Nubien
Marrakesch
K. Bojador 1416
K. Blanco 1441
Sahara
Berberei
AFRIKA
Masstaua 1520 Abe
Kapverden 1460
K. Verde 1445
Sierra Leone 1462
Timbuktu
Nigritien
Guinea
S. Jorge da Mina
Goldk. 1471
Fernão de Poo 1487
S. Thomé
1484
Äthiopien
1534
Amazonen Str.
AMERIKA
Matto Grosso (seit 1507)
Goyaz
Pernambuco
Bahia 1500
Pto Seguro 1500
Minas Geraes
Potosi
Paraguay
Paulo
Asuncion
Coquimbo 1537
Rio de Janeiro 1516
Buenos Aires gegr 1535
Rio de la Plata
Patagonien
S. Julian
Feuerland
St. Helena 1502
Loanda 1578
Kongo
Angola
K. Negro 1484
Moram 149
Tete
Sofala 1500
Kaffraria
K. d. guten Hoffnung 1486
Vasco da Gama
ATLANTISCHER OZEAN

Der Markungslinie nach dem Vertrag von Tordesillas 1494